"**60**岁开始读"

科普教育丛书

养老知识详解

上海市学习型社会建设与终身教育促进委员会办公室 ＼ 指导

上海科普教育促进中心 ＼ 组编

陈友华 编著

上海交通大学出版社

上海科学技术出版社

复旦大学出版社

上海教育出版社

图书在版编目（CIP）数据

养老知识详解 / 上海科普教育促进中心组编；陈友华编著. -- 上海：上海交通大学出版社，2022.11（2025.2重印）
（"60岁开始读"科普教育丛书）
本书与"上海科学技术出版社、复旦大学出版社、上海教育出版社"合作出版
ISBN 978-7-313-27373-4

Ⅰ. ①养… Ⅱ. ①上… ②陈… Ⅲ. ①养老－基本知识 Ⅳ. ①C913.6

中国版本图书馆CIP数据核字（2022）第183695号

养老知识详解
（"60岁开始读"科普教育丛书）
上海科普教育促进中心　组编
陈友华　编著

上海交通大学出版社　出版、发行
（上海市番禺路951号　邮政编码200030）
上海盛通时代印刷有限公司印刷
开本 889×1194　1/32　印张 5
字数 74千字
2022年11月第1版　2025年2月第5次印刷
ISBN 978-7-313-27373-4
定价：20.00元

本书如有缺页、错装或坏损等严重质量问题，
请向工厂联系调换：021-37910000

内容提要

　　本书围绕"老有所养"主题，以国家提出的"积极老龄化"和"健康老龄观"为目标导向，从养老理念、经济供养、照料服务、医疗护理、精神关爱等五个方面着手，对我国当前各类养老服务供给展开详细的介绍，提供了一份智慧养老参考指南，以方便老龄人群提前规划退休生活，有尊严、有价值、有保障地度过幸福晚年时光。

总序

　　党的二十大报告中指出：推进教育数字化，建设全民终身学习的学习型社会、学习型大国。为全面贯彻落实党的二十大精神与《全民科学素质行动规划纲要实施方案（2021—2035年）》具体要求，上海市终身教育工作以习近平新时代中国特色社会主义思想为指导、以人民利益为中心、以"构建服务全民终身学习的教育体系"为发展纲要，稳步推进"五位一体"与"四个全面"总体布局。在具体实施过程中，围绕全民教育的公益性、普惠性、便捷性，充分调动社会各类资源参与全民素质教育工作，进一步实现习近平总书记提出的"学有所成、学有所为、学有所乐"指导方针，引导民众在知识的海洋里尽情踏浪追梦，切实增强全民的责任感、荣誉感、幸福感与获得感。

随着我国人口老龄化态势的加速，如何进一步提高中老年市民的科学文化素养，尤其是如何通过学习科普知识提升老年朋友的生活质量，把科普教育作为提高城市文明程度、促进人的终身发展的方式已成为广大老年教育工作者和科普教育工作者共同关注的课题。为此，上海市学习型社会建设与终身教育促进委员会办公室持续组织开展了富有特色的老年科普教育活动，并由此产生了上海科普教育促进中心组织编写的"60 岁开始读"科普教育丛书。

"60 岁开始读"科普教育丛书，是一套适宜普通市民，尤其是老年朋友阅读的科普书籍，着眼于提高老年朋友的科学素养与健康文明的生活意识和水平。本辑为丛书第九辑，共 5 册，分别为《身边的微生物》《博物馆雅趣：漫步缪斯殿堂》《生活中的编织新技艺》《养老知识详解》《新时代，新医保》，内容包括与老年朋友日常生活息息相关的科学资讯、健康指导等。

这套丛书通俗易懂、操作性强，能够让广大中老年朋友在最短的时间掌握原理并付诸应用。我们期盼本书不仅能够帮助广大老年读者朋友跟上时代步伐、了解科技生活，更自主、更独立地成为信息时代的"科

技达人"，也能够帮助老年朋友树立终身学习观，通过
学习拓展生命的广度、厚度与深度，为时代发展与社
会进步，更为深入开展全民学习、终身学习，促进学
习型社会建设贡献自己的一份力量。

前言

　　本书围绕"老有所养"主题，基于国家提出的"积极老龄观"和"健康老龄化"为目标导向，从五大方面对我国当前各类养老概念和问题进行阐释：一是在养老理念层面，对健康老龄化、积极老龄化、老年人五原则、新型老年文化、新型孝道等思想理念展开介绍；二是从经济供养层面，对老年社会保障、家庭经济赡养、个人财富积累等内容加以论述；三是从照料服务层面，对居家、社区和机构养老服务等展开介绍；四是从医疗护理层面，对医养结合、长期护理、安宁疗护等主题进行阐述；五是从精神关爱层面，对心理健康、文化养老、数字鸿沟等话题展开讨论。本书旨在为老年人更好地安排养老生活、准老年人提前规划老年生活、年轻人赡养孝敬父母提出些许建议，从而使更多老年群体有尊严、有价值、有保障地度过幸福而健康的晚年时光。本书是一部直击老龄化社会的民生痛点、回应社会诉求，并提供解决方案的科普性读物，对于关注老龄问题者具有一定的参考价值。

2022 年 9 月 26 日

目录

 养老理念

经济供养

照料服务

（四） **医疗护理**

五　精神关爱

一

养老理念

什么是健康老龄化

为了积极应对人口老龄化，稳步提高人类的健康预期寿命，长期以来，世界卫生组织大力倡导健康老龄化（healthy aging）的理念。健康老龄化的概念最初于 1987 年 5 月在世界卫生大会上被提出，并在 1990 年世界老龄大会上被世界卫生组织确定为应对人口老龄化的一项发展战略。2015 年 10 月，《关于老龄化与健康的全球报告》发布，意味着"健康老龄化"再次被提上日程。作为一项围绕医疗保健和老年人健康问题的战略，健康老龄化将核心目标聚焦于提高老年人的生命质量，缩短带病生存期，延长健康预期寿命。健康老龄化从视角上突破了传统的对人口老龄化的消极观点，即认为各国（尤其发达国家）在应对人口老龄化带来的挑战时，并非束手无策。健康老龄化战略认为，人们能够通过人为干预克服人口老龄化的不良后果，或者利用合理机制将人口老龄化的负面作用降低到最小程度。健康老龄化理念强调影响老龄健康的主要因素，把老龄化研究视角从结果移向进程，对于维护老年人口的健康和提高其生活质量具有积极意义。但是，该理念仍然存在将老年人视为社会的负担而非社会的财富、从其需要而非社会权利的视角看待老年人口健康的缺陷。

健康老龄化具体体现在哪些方面

所谓"健康老龄化"，是指在老龄化社会中，绝大多数老年人处于生理、心理和社会功能的健康状态，使社会发展不受过度人口老龄化的影响。具体体现在以下几个方面：

（1）老年人个体的健康（指身心健康和良好的社会适应能力）。

（2）老年群体的整体健康（指健康预期寿命的延长以及与社会整体相协调）。

（3）老年人家庭健康（指有老年人的家庭代际和

谐、老年人婚姻自由、家庭幸福）。

（4）老年人经济健康（指老有所养，不为养老发愁）。

（5）社会环境健康（指发展健康的生活方式和健康的社会经济机制）。

健康老龄化重点强调社会生活的完善对老年人整个生命过程的重要意义。

健康老龄化理念对我国有什么启示

作为世界上老年人口规模最大、人口老龄化速度较快的国家，中国对健康老龄化战略给予了极高的关注。20世纪90年代，中国人民大学邬沧萍教授最早将健康老龄化理念介绍进国内。随后，我国学术界开始着手对健康老龄化中国化的初步探讨，这也为"健康老龄化中国方案"的产生提供了参考。伴随着健康老龄化研究的兴起，我国政府也将健康老龄化逐步纳入国家整体的战略布局之中。作为指导健康中国建设的行动纲领,《"健康中国2030"规划纲要》明确提出了"推进老年医疗卫生服务体系建设"等多项举措,旨在促进健康老龄化。2017年3月,《"十三五"健康老龄化规划》出台,标志着健康老龄化战略在我国宏观战略布局中的地位得到进一步提升。健康老龄化中国方案的内涵可以概括为:以维护健康公平和全生命周期视角为核心理念,遵循"因地制宜"的原则,将以"治病"为核心的健康服务模式转变为以"健康维护"为核心的模式,把健康保障视作促进人力资本投资,并围绕着行动能力和社会功能的维持和优化,以延长平均预期寿命、提升寿命质量的战略框架。

什么是健康的老年生活方式?
为什么健康生活方式如此重要

随着年龄的增长,人体机能在慢慢退化,免疫力逐渐降低,各种疾病也随之而来。很多生活中的小细节，一不注意就会给老年人的身体健康带来很大的危害。掌握一些重要的健康知识，可以让老年人的生活更有保障。

（1）正确认识老龄化和衰老。老年人要强化自我保健意识，学习自我监护知识，掌握自我管理技能，早期发现和规范治疗疾病，对于中晚期疾病以维持功能为主。

（2）合理膳食，均衡营养。老年人饮食要定时、定量，每日的食物品种应包含粮谷类、杂豆类及薯类（粗细搭配）、动物性食物、蔬菜、水果、奶类和奶制品以及坚果类等，控制烹调油和食盐摄入量。建议老年人三餐两点，一日三餐能量分配为早餐约 30%，午餐约 40%，晚餐约 30%，上午和下午各加一次零食或水果。

（3）适度运动，循序渐进。老年人最好根据自身情况和爱好，选择轻、中度运动项目，如快走、慢跑、舞蹈、太极拳等。上午 10：00～11：00 和下午 3：00～5：00 为最佳运动时间，每次运动时间以 30～60 分钟为宜。

（4）及早戒烟，限量饮酒。戒烟越早越好；饮酒应当限量，避免饮用酒精含量 45% 以上的烈性酒，切忌酗酒。

（5）保持良好睡眠。每天最好午休 1 小时左右。如果长期入睡困难或有严重的打鼾合并呼吸暂停，应当及时就医。

（6）定期自我监测血压、血糖，以及心血管疾病等各种基础性疾病的重要指标。

（7）重视口腔保健。坚持饭后漱口、早晚刷牙，合理使用牙线或牙签。每隔半年进行 1 次口腔检查，及时修补龋齿孔洞，及时镶补缺失牙齿，尽早恢复咀嚼功能。

（8）预防跌倒。老年人 90% 以上的骨折由跌倒引起。平时应当保持适度运动，佩戴适当的眼镜以改善视力，避免单独外出和拥挤环境，室内规则摆放物品，增加照明，保持地面干燥及平整。

（9）合理用药。用药须严格遵守医嘱，避免重复用药、多重用药。不滥用抗生素、镇静催眠药、麻醉药、消炎止痛药、抗心律失常药、强心药等。不轻易采用"秘方""偏方""验方""新药"等。用药期间出现不良反应可暂时停药，及时就诊。

（10）积极参与社会活动。结合自身情况参加有益身心健康的体育健身、文化娱乐等活动，养成健康的生活习惯。

什么是积极老龄化

　　20世纪末积极心理学的盛行，推动了积极老龄化（active aging）理论的出现。积极心理学将心理学的目标由治疗转为潜能开发，表现在老龄化问题上就是要帮助老年人群开发潜能，树立积极的社会参与心态，消除非老年人群的年龄偏见，为老年人的社会参与提供适宜环境。2002年，世界卫生组织公布了一份报告《积极老龄化：一个政策框架》，对积极老龄化的概念和内涵进行了比较充分的阐释。积极老龄化的理念将健康、保障和参与看成一体，强调老年人社会参与的重要性和必要性。在一些国际组织的文件中，积极老龄化被理解为老年人"享有充实、健康，具有保障和在经济文化和政治中积极参与的生活"。"积极老龄化"不仅延续和发展了"成功老龄化""健康老龄化"和"生产性老龄化"的内涵，还在"健康"和"参与"两个维度以外，根据老年人群的差异性增加了"保障"维度；而且"参与"也不仅仅指经济参与，还将社会、文化、体育和公共事务都涵盖其中，目的是使所有进入老年的人，包括那些残疾、虚弱和需要照料的人，都能提高预期寿命和生活质量。

积极老龄化具体体现在哪些方面

世界卫生组织在"积极老龄化"概念之下，围绕"健康""参与""保障"三大维度扩展出积极老龄化的几个重要方面：

（1）充分的社会参与。消除年龄歧视与性别歧视，促进两性平等，消除对老年人的怠慢、虐待和暴力行为，加强社区建设，建立社会支持网络，改善老年人参与社会的自身条件和社会条件，增加老年人群保持独立的机会，实现他们全面参与社会、经济、政治与文化生活的潜力。

（2）提高生命质量，重视老年人群追求生理和精神健康，并享受最高标准的健康权利。这需要除公共卫生部门以外的其他社会和经济部门的支持。在提供照顾和治疗、促进健康的生活方式和有利的环境方面拟定新的政策。

（3）重视老年人口的生产力。高龄群体的技能、经验和资源是成熟、充分融合及富有人性的社会发展过程中的一种重要资产，对社会经济发展的作用不可忽视。老年人应该享有获得他们希望并能够胜任的工作机会的权利，以及继续获得教育和培训的机会。

（4）采取协调行动来改变老年男性和女性的工作机会和生活质量，并确保对老年人支持系统的可持续发展。全社会都要关心老年人，努力营造支持性环境，保障他们的合法权益，使他们活得有尊严、有价值、有意义。

（5）将老龄问题纳入社会和经济的发展议程，纳入消除贫穷战略和争取使所有发展中国家充分参与全球经济的战略中。同时基于各国国情的不同，确认有所差异的国别政策。考虑到老年妇女和男性的需求和经验的不同，在所有政策和方案中都要注意体现出性别特点。

（6）各国政府应当为社会基础服务承担主要责任，并在老龄化问题中发挥领导作用。研究优先发展方向，有助于政策制定，加强代际间团结，以及家庭、志愿者、组织、企业、工人、教育和宗教机构及媒体的合作支持。联合国和国际合作组织的作用十分重要。

积极老龄化理念对我国有什么启示

　　中国的老龄事业与联合国的政策基本同步。自1982年维也纳举行第一届老龄问题世界大会后，中国的老龄政策、老龄研究及相关管理系统开始发展完善起来。2002年中国参加了在马德里召开的第二届老龄问题世界大会，赞成并带回"积极老龄化"的新概念和政策建议。《积极老龄化政策框架》文本也被翻译出版，成为国内积极老龄化政策和研究的重要参考。但是，中国的"积极老龄化"主要体现在各种学科研究中，在主要的政策架构中应用较少。2006年，中国发表《中国老龄事业的发展》白皮书，在"老有所教、老有所学、老有所为、老有所养、老有所医、老有所乐"的"六个老有"目标之外增加了"老年人合法权益保障"的内容，形成积极应对人口老龄化的战略思想。"积极应对人口老龄化"与"积极老龄化"虽仅有四字之差，但在客观上体现出"积极老龄化"的"中国化"和"本土化"，显示了发展中人口大国的东方智慧，是对"积极老龄化"的理论创新和中国化升级版。作为老年人口最多的发展中国家，"未富先老，未备先老"是中国和其他发展中国家在老龄化中面临的共同问题。加强与国际组织的联合，展开多学科综合研究和学科交叉研究，深入探索这一领域中的若干重大基础科学问题，为中国积极老龄化相关的制度、政策与法规的设计、制定和运行提供理论指导与方法支撑，促进相关学科领域的发展和人才的培养，成为兼具学术与实践价值的重大研究任务。

老年人力资源开发与积极老龄化

老年人不仅是老年型社会的客体，更是老年型社会的主体，充分开发老年人力资源是积极应对老龄化挑战的重要举措。2019 年 11 月，中共中央、国务院正式印发了《国家积极应对人口老龄化中长期规划》，应对人口老龄化上升为国家战略。该规划提及，在人口老龄化背景下，要改善劳动力的有效供给。既要全面提高人力资源素质，又要发挥老年人的作用，创造老有所为的社会环境，充分调动老年人社会参与的积极性。从个体层面来看，重视老年人力资源的开发利用，引导老年人通过市场参与、社会参与、家庭参与发挥作用。这些活动为老年人提供了创造财富、帮助他人的机会，使这些老人能够发挥余热，继续为社会做贡献，也使他们在参与过程中形成社会影响并保持活力，同时也改善了当地的生活环境和社会质量。从社会和家庭层面来看，通过再就业等形式开发利用老年人力资源，大力发展"银发经济"，可以使老年人利用自身知识、技能和经验参与到社会建设之中，增加劳动力有效供给，减缓人口老龄化所带来的劳动力负担不断加重的压力，促进经济增长与社会稳定。积极老龄化理念要求我们转变将老年人视为被动客体的既有观念，充分关注到老年人自身的主体性与能动性，将老年人打造成为建设老年型社会的重要力量。

什么是老年人五原则

联合国于 1982 年在维也纳举行了第一届老龄问题世界大会，在此后 16 年的历届联合国大会上都提及了老龄化问题。联合国先后作出了一系列重大决议，如《维也纳老龄问题国际行动计划》《十一国际老人节》《联合国老年人原则》等。其中，联合国大会于 1991 年 12 月 16 日通过《联合国老年人原则》（第 46/91 号决议），大会鼓励各国政府尽可能将"独立、参与、照顾、自我充实和尊严"作为老年人的五项原则纳入国家发展方案。

老年人五原则具体如何理解

1. 独立

（1）老年人应能通过提供收入、家庭和社会支持以及自助，享有足够的食物、水、住房、衣着和保健。

（2）老年人应有工作机会或其他创造收入的机会。

（3）老年人应能参与决定退出劳动力队伍的时间和节奏。

（4）老年人应能参加适当的教育和培训方案。

（5）老年人应能生活在安全且适合个人选择和能力变化的环境。

（6）老年人应能尽可能长期在家居住。

2. 参与

（1）老年人应始终融合于社会，积极参与制定和执行直接影响其福祉的政策，并将其知识和技能传给子孙后辈。

（2）老年人应能寻求和发展为社会服务的机会，并以志愿工作者身份担任与其兴趣和能力相称的职务。

（3）老年人应能组织老年人运动或协会。

3. 照顾

（1）老年人应按照每个社会的文化价值体系，享有家庭和社区的照顾和保护。

（2）老年人应享有保健服务，以帮助他们保持或恢复身体、智力和情绪的最佳水平，并预防或延缓疾病的发生。

（3）老年人应享有各种社会和法律服务，以提高其自主能力并使他们得到更好的保护和照顾。

（4）老年人居住在任何住所、安养院或治疗所时，均应能享有人权和基本自由，包括充分尊重他们的尊严、信仰、需要和隐私，并尊重他们对自己的照顾和生活品质做抉择的权利。

4. 自我充实

（1）老年人应能追寻充分发挥自己潜力的机会。

（2）老年人应能享用社会的教育、文化、精神和文娱资源。

5. 尊严

（1）老年人的生活应有尊严、有保障，且不受剥削和身心虐待。

（2）老年人不论其年龄、性别、种族或族裔背景、残疾或其他状况，均应受到公平对待，而且不论其对经济贡献大小均应受到尊重。

老年人五原则对我国有何启示

贯彻联合国老年人五原则，可以引导中国的老龄化政策，确立有关保障老年人权益的标准，指导老年人权益保障法律的制定和修改完善，最终保障老年人的经济、社会及文化权利。

（1）加强国际合作，学习、借鉴他国应对老龄化的成功经验与失败教训。联合国关注老年人问题，实质是关注人的自由和尊严，把老年人作为最可宝贵的人群，实现"不分年龄，人人共享社会发展成果"的大同社会理想，这正是人权观念在老年人问题上的反映。如果说以前对于老年人的关注点是"老"，那么现在对老年人的关注点则转变为"人"，也就是说，更加关注老年人作为人存在的基本需求与福祉。

（2）将联合国老年人原则纳入国家应对老龄化的政策考量之中。联合国老年人五原则的落实是一个漫长的过程，对独立、参与、照顾、自我充实和尊严原则的理解也需要一个过程。这些原则之间存在着彼此不可分割的密切关系，老年人的独立是其幸福生活的前提，参与是老年人发挥余热的重要方面，照顾是国家、社会与家庭义不容辞的责任，自我充实是老年人能够继续服务社会和个人幸福生活的源泉，尊严是老年人作为人的根本价值所在。可以说，老年人养老质量的高低主要看上述原则的实现程度。

（3）完善立法，积极推动联合国老年人五原则在中国的落实。在中国，主要是把联合国老年人五原则内化到宪法与法律制度中，以此来贯彻对老年人权益的保障。中国已经确立了依法治国的基本方略，保障老年人权益，建设和谐社会，需要实施宪法，在宪法精神指导下完善法律。目前，中国已经修改了《中华人民共和国老年人权益保障法》，该法对于贯彻老年人原则起到了基础性作用。

如何理解老年人独立的重要性

《联合国老年人原则》的"独立"强调的是老年人财务、居住、行为、思想诸多方面的独立。之所以把"独立"放在第一位，是为了强调老年人独立的特殊重要性。在世界范围内，日本的养老服务之所以做得好，与其核心理念"自立支援"有关，他们强调老年人能够做的事要尽可能让他们独立去做，老年人自己做不了的事，国家和社会给予必要的支援。我国养老服务业发展时间短，传统的家庭养老方式更多强调的是照顾，对独立很少予以关注。我国在推动新时代养老服务发展进程中，要更多地把独立理念有机融入养老服务政策、制度的制定和实践全过程之中，充分发挥老年人的主观能动性，最大限度地激发老年人的内在活力和潜力，避免过度依赖和过度照顾。此外，独立原则的核心要素在于经济上的独立，老年人经济独立，其相关权益才有保障，比如基本生活、受教育、选择养老环境等。我们应该尽力创造一种让老年人充分发挥其人生价值的环境，使其经济、人格和社会生活上独立。对老年人的救助和帮助是在独立前提下的帮助，独立是原则，帮助是例外，唯有如此，老年人才有尊严和幸福感。

为什么社会变迁背景下老年文化需要重构

自古以来，中国孝文化的内容非常丰富，并成为人们的道德准则和行为规范。尊崇孝文化建构的代际关系，提出对老年人要赡养、对中青年人要发挥其作用、对年幼者要抚育的思想，体现了代际关系的均衡与和谐。但随着社会变迁，在人类进入现代社会后，社会的组织形态已经发生了根本性改变，养老责任的主体也随之发生了转移。伴随着工业化、城市化与现代化的进行，生产逐渐由家庭转向社会。老年人对家庭的经济掌控能力大大下降。社会变迁、知识更新速度不断加快，而老年人接受新知识的能力下降。中国老年人中爱学习者不多，知识陈旧化现象尤为严重，老年人一生中积累的知识对现实社会的意义与作用下降，其结果是老年人的家庭与社会经济地位的全面下降、代沟产生与亲子冲突增多。伴随社会变迁而来的还有少子老龄化（孩子越来越少，老年人越来越多），人口迁移流动与城市化步伐加快，生产与生活方式变化。其结果是：一方面，家庭规模、结构和功能正在发生急剧的变化，呈现出规模小型化、结构碎片化、居住离散化、关系松散化的趋势，单人、单亲、空巢家庭比例大幅度提高，三代及以上大家庭的比例急剧下降。另一方面，老年人需求急剧增加。现在面临的问题不是能否养活老年人，而是如何更好地养活老年人，即如何进一步提高养老质量的问题。

不同社会有不同的养老方式，身处现代社会的中国，老年文化必须重构。亲子关系应随着社会生活基本组织方式的变化而变化。在传统社会，亲子关系是一种森严的等级关系，而在现代社会，亲子关系则演化成平等的伙伴关系。在由传统社会向现代社会的转变过程中，亲子责任也将经历从无限到有限的转变，以适应形势的变化，并体现权利与义务的对等。但中国在这一转变过程中，传统社会的无限亲子责任，在主流文化倡导与社会保障制度建设滞后环境逼迫下的部分延续与非对称性改变，出现了代际责任的模糊不清现象。例如，很多老年人要帮助子女带孩子，甚至隔代抚养、做家务等。再如，老年人崇尚节俭，而年轻人崇尚消费，在现代消费主义盛行的时代背景下，造就了父辈对子辈责任的无限担当，"培养"了新一代"啃老族"。老年人把更多的时间与金钱花费在家庭和子女身上，却忽略了自身的需求，不仅降低了老年群体的生存质量，也在不同程度上加剧了代际关系的失衡。

我的老年我做主

外在的老年文化活动固然重要，但内心的生活观念、生活方式、行为方式与兴趣爱好的转变，尽可能摆脱对外在环境的影响，甚至是依赖，而使自己的生活变得充实起来，对老年人来说尤为重要。"我的老年我做主"，是对老年人的要求与权利，千万不要把自己的老年生活都寄托在政府、社会或家人身上，这也是他们难以承受之重。事实上，每个人都是独立的个体，你无法要求别人一直给你依靠，别人也无法做到设身处地地帮助你。要使老年生活丰富多彩、心灵充实，最可以依靠的就是老年人自身。

新时代是以老年人
还是中青年人为中心

　　传统社会是一个相对静止的社会，同时也是一个以老年人为中心的社会。而现代社会则是一个流动的竞争性社会，生活在其中的每一个人，特别是年轻人，为了学习与追寻事业发展，常常离开父母独自到外面闯荡，面临着学习、工作、生活、子女哺育等各方面的压力。在此情景下，再要求子女像传统社会那样对父母尽孝，往往会超出甚至远远超出其承受范围，使他们有心无力。在养老及其责任承担问题上，我们不仅要考虑老年人的感受，还要考虑到子女的感受与实际承受能力。时代不同了，现代社会，老年人可能赋闲在家，儿女却在外打拼，要儿女常回家看看，对部分儿女而言难以做到，但要求老年人常去子女处住住，可能更为现实，同时家庭成员内部的互助与家庭养老服务功能的部分修复也成为可能。现在的问题是：现代社会应该以老年人或父母为中心，还是以中青年人或子女为中心？这实际上很难给出明确的回答。但有一点需要改变的是：传统社会那种纯粹以老年人为单中心的时代已经严重不合时宜，到了该终结的时候了。在现代社会，我们可能应该进入"双中心"，甚至是以中青年人为"主中心"的时代。

老年人如何看待自己、他人和社会

"金无足赤，人无完人"，每个人身上都有缺点与毛病，只是多少与程度不等而已。老年人自然也不例外。因此，社会化与自我完善自然不是年轻人的专利，老年人也存在一个再社会化与自我完善的问题。实际上，对每一个人而言，均存在着"生命不息，社会化不止"问题。中国社会对子女或年轻人的行为规范与要求很多，但对老年人的行为规范与要求却较少，造成了对不同年龄群体行为规范的非对称性。这一现象与占主流地位的儒家思想有关，这也是现代社会应当改变的。因恐被冠以"不孝"等骂名，即便个别老年人身上有许多毛病与缺点，一般也鲜有人当面直接指出，更鲜有人当面提出批评。这就使得部分老年人看不到自己身上所存在的毛病与缺点，自以为正确，偏执、唯我独尊等老年性格便在一个讲究"孝道"的环境中被姑息与培养出来。久而久之，在中国便形成了一个习惯性的看法，似乎缺点是年轻人的专利，以至于在部分老年人的眼里，年轻人满身都是缺点与毛病，对年轻人这也看不惯那也瞧不顺眼，时常发出年轻人是"问题一代"的感叹。实际上，不同年龄者优缺点并存，年轻人身上固然有许多缺点与不足，老年人身上也同样存在。例如，部分老年人固执、急躁、多疑、易怒、自怨自艾、不爱学习、思想僵化，对现实世界总是看不顺眼，总认为今不如昔，总是留恋甚至沉浸在自我建构的、虚幻的、过去的美好世界里。因此，在对待老年人价值这一问题上，存在"社会如何看待老年人"与"老年人如何看待自身与社会"两方面的问题。关爱老年人，绝不意味着一味地迁就老年人、满足老年人的所有需求，而是要及时指出部分老年人身上存在的问题、缺点与不足，帮助老年人真正地认识到现代社会与传统社会的不同，对老年人的精神世界与生活方式等加以必要的引导，甚至对部分老年人某些不切实际的想法与要求坚决说"不"，帮助老年人更好地认识自己与他人，进而实现与其他人群和睦相处。

"活到老，学到老"为什么更加必要

在一个知识爆炸的时代，人们的经验老化与知识陈旧的速度在不断加快，年长者的经验不可避免地部分丧失了传谕的价值。更新知识、积累新经验、增加新技能、增长新才干就显得尤为重要，而不断学习是实现上述目标的唯一手段。读书与接受教育不再是年轻人的专利，而应成为包括老年人在内的全民的自觉行为。现在，只要谈及老年文化生活，就想到琴棋书画、吹拉弹唱、保健养生、健身舞蹈、扑克麻将等。只要一提起老年文化建设，就想到老年文化设施建设、社区老年文体组织建设、老年文化活动开展等。老年人参与社区老年文化活动与社会生活是十分必要的，但仅有这些是远远不够的。老年人只有培养出不受外在条件限制的兴趣爱好，才能不受或少受外界环境的影响与左右。读书不仅条件限制少，成本低，而且还会增进对世间万物的理解与认识，陶冶性情，并实现精神升华。关爱不仅来自社会，更来自内心的自爱。要让自己生活在一个内容丰富、充实的精神世界中。目前，中国老年人受教育程度普遍较低，文盲、半文盲所占比例较高，但随着时间的推移，老年人受教育程度逐渐提高，老年人自我学习的条件逐渐具备。希望老年人受教育程度的提高，能使中国迎来一个老年人的读书时代。

传统孝道生效的社会环境

中国素来有"礼仪之邦"之称，强调亲情、友情、乡情等，倡导"尊老爱幼"。"孝道"作为一种代际关系伦理，不仅融合了情感的色彩，更重要的是一种养老社会功能的伴生物。孝道最初诞生于殷商时期，距今已有数千年的历史。传统社会与小农经济构成了当时的社会形态，家庭既是一个生产单位，也是一个生活共同体。长久以来，乡土社会由于其生产与生活方式的刻板，儒家孝文化随着时代轮回影响了一代又一代中华儿女，直至现代国家机器与新社会样态的出现，传统的"孝道"才逐渐失去其赖以发挥作用的土壤。"孝道"诞生于传统农业社会，在进入现代工业社会后，社会环境发生了根本性变化，特别是人类的生产与生活方式的根本性变革，使得传统意义上子女尽孝的客观条件逐渐失去。子女即便有心，有时也很无力，特别是独生子女们，要求他们像父辈那样尽孝，不仅负担太过沉重，而且对他们也极不公平。由此可见，"孝道"的弘扬不是无条件的，而是有其客观条件作为基础的。而现代社会儿女尽孝的土壤已经逐渐失去，"孝"已支撑不起中国的养老。

新型孝道有哪些特征

孝道的表现随环境而变，历经工业化、城市化与现代化洗礼之后，当代孝道在保存部分传统特征的同时，也摒弃了许多旧俗与糟粕，俨然呈现出新兴面貌与特征：

（1）平等性的增加。伴随社会变迁，父母与子女不仅社会地位趋于平等，其家庭地位也趋于平等，等级亲子关系与无限亲子责任已经过渡到平等亲子关系与有限亲子责任，"父慈"与"子孝"不仅是道德规范，也体现出亲子间权利与义务的对等。在当代平等的代际关系中，孝道越来越被视为亲子间抚养和赡养的代际交换。子女可以根据自己的能力和资源，自主选择正确的方式孝敬父母，不再认同传统孝道中的"绝对服从父母的意志""父母之命，媒妁之言"等违背个人意志和当代价值观的孝道行为。

（2）不盲顺，理性和自主性的成分增多。"孝而不顺"的观念充分体现了孝道随着时代的发展而日益增强的生命力和现代性，体现了孝道的适度性，强调子女在践行孝道的过程中应行之有"度"。那种认为父母永远是对的、子女应该绝对服从父母的观点已不再是当代孝道的特征。越来越多的父母能够接受成年子女违背父母要求的事实，将"孝而不顺"作为对孝顺的新理解。人们面对子女远离父母生活已成为社会常态这一事实，也不再固守"父母在，不远游"的古训，并将"常回家看看""父母住我家"视为重要的当代孝行之一。这一转变凸显出子女在兼顾个人发展与孝道时的理性和自主性，为解决代际冲突发挥了积极作用。

（3）规范性仍存。孝道作为一种建立在平等亲子关系基础上的家庭伦理，仍然被社会广泛提倡，对子女具有约束力。父母权威的下降并不意味着孝道的衰落和消亡，而是孝道范式的转变及其对社会发展的适应。孝道在当前中国家庭中仍被视为一种文化传统和道德规范，在家庭养老和亲子关系中的价值依然存在。老龄化的加剧、社会福利制度的缺失和成年子女与其父母间相互依赖关系的持续存在，决定了在将来较长时间内，子女所要承担的家庭义务在父母的个人福利中仍占有重要地位。

（4）多元性与含混性。相较于孝道的传统特征，其当代特征更加含混与复杂，兼具传统与现代、情感与理性、义务与权利等多样元素。与传统社会的同质性相比，现代社会表现出更多的异质性，新孝道也自然具有多样性，我们暂时还无法得到新孝道的清晰图像。

子女尽孝方式发生了怎样的改变

孝道的基本情感是建立在人性的善良基础之上的，来自对父母的感恩和与父母的日常互动。在社会转型期，中国人孝道中的情感性不仅没有衰退，仍然对传统孝道中"尊敬父母""关心父母"等对父母展现真情实意的内容具有很高的认同度，而且增加了顺应时代的新内容，开始重视亲子之间双向的思想和情感交流。与此同时，人们也越来越倾向于用物质层次的孝取代精神层次的孝，而且年龄越小越明显——可以为父母提供慷慨的物质福利，却不愿意在精神与情感方面屈从父母。此外，老人在获得子女经济供养的同时，获得子女生活照料的机会反而降低，于是，在现实中我们看到大量的"照顾转包""孝道转包"现象。统计数据与调查资料显示，在家庭结构小型化与寿命延长的背景下，生活不能自理的老人所占比例提高，服务需求已超出基本生活护理范畴，在家庭经济供养功能分化但服务提供功能弱化的背景下，"花钱行孝"成为越来越多家庭的选择。

住养老院代表子女不孝吗

在社会变迁背景下，机构养老越来越成为当代中国家庭践行孝道的基础和前提，我们不能因为这种养老方式的代替性和间接性而否定了子女尽孝的合法性，更不能抹杀子女的贡献与辛劳。如若父母住养老院的钱主要来自子女，并与其家庭养老功能实现有效替代或互补，那么机构养老为何不能视为家庭养老或儿女尽孝的有效延伸？尽管子女不亲身参与父母年老后或生病时的照料，但失去了子女的经济赡养又谈何他人的替代照料？即使是父母依靠养老金来获取市场或社会中的养老服务，那么这份老年福利究竟又来自哪里？我们不能过分割裂地看待社会化养老与家庭养老，而要洞察到两者之间的本质联系——都是儿女尽孝的重要方式。"孝事"虽然转嫁出去了，但"孝心"与"责任"依旧落在儿女的肩上，家庭养老的责任和功能依旧发挥着明显且重要的作用。换言之，在机构养老服务的帮助下，儿女们把日常的、长期的或困难的"脏累差"活外包出去，有选择地、分情境地履行养老和尽孝的责任，以实现父母和子女本身对于亲情和孝道的共识与满足。

父不慈，子可以不孝吗

"父慈子孝"中"父慈"在前，"子孝"在后，这表明：首先要求父母尽责，然后才是子女尽孝。"父慈子孝"实际上是对父母与子女的权利与义务（责任）的对等要求。每当遇到困难与问题时，很多老年人的习惯做法是：不分青红皂白先把子女劈头盖脸批评一顿，这对许多子女来说可能是很冤枉的，也是很不公平的。儿女不尽孝，可能事出无因，但也可能事出有因，具体情况要具体分析：一是儿女本身的生活就异常艰难，没有能力尽孝；二是子女有能力，但不尽孝。但可以进一步追问：为什么子女有能力而不尽孝？原因又可以分成两类：一类是儿女的问题，应该尽孝而不愿尽孝，这应受到社会的谴责；另一类是父母本身的问题，父母没有尽到养育子女的责任。如果父母没有尽责的能力则另当别论，但如果父母有抚养能力而没有尽抚养责任，到父母年老后要求子女尽孝，实际上与"权利与义务对等"是相冲突的。因此，代际之间的矛盾与冲突，并不完全是子代对父代的不敬与不孝引起的，也可能存在"为老不尊"的情况。如果父不慈，则子不孝的可能性大大增加。由此可见，"父慈子孝"不只是对子女的要求，更是对父母的要求，要求父母在抚养子女中尽责。父母在子女幼小时尽到养育责任的同时，也获得了日后子女尽孝的权利。

养老知识详解

二

经济供养

老年社会保障包括哪些内容

　　老年社会保障是指国家通过一系列经济、医疗和社会服务等方面的措施，对于退出劳动领域或者无劳动能力的老年人实施的社会保护和社会援助。老年社会保障主要包含养老社会保险、老年社会福利和老年社会救助，其中，养老保险是老年社会保障的主要组成部分，是指政府依据法律制度向年老退休后的劳动者与居民提供的基本生活保障。

什么是老年社会救助

　　社会救助，是指国家和社会对由于各种原因而陷入生存困境的公民给予财物接济和生活扶助，以保障其最低生活需求的制度。社会救助作为社会保障体系的一个组成部分，具有不同于社会保险的保障目标。社会保险的目标是防劳动风险，而社会救助的目标则是缓解生活困难。老年社会救助（或社会援助）则是指当老年人各种原因（主要是贫困、疾病等）导致难以维持最低生活水平时，由国家和社会按照法定的标准向其提供满足最低生活需求的物质援助和服务，以使老年人生活得到基本保障的制度。它是老年社会保障的最低和最基本目标，具有"托底"的功能。

老年社会救助为什么重要

中国是一个具有悠久的扶弱济贫传统的国家。社会救助制度是世界各国最早发展起来的一项积极的社会保障措施，也是保障居民最低生活水平的最后一张安全网。对于社会保障水平不高的发展中国家而言，社会救助制度显得尤为重要。老年贫困相比青壮年贫困，不仅受自然、个人与家庭因素等影响，而且也是社会排斥的后果。对于老年贫困的应对，让其重新回归工作岗位对多数老年人，特别是中高龄老年人而言显然不具备可行性。因此，老年社会救助在纾解老年贫困特别是农村老年贫困的作用虽然有限，但却必不可少。在过去的半个多世纪里，中国的老年社会救助制度在发展中形成了以最低生活保障制度为核心和基础，以灾害、教育、医疗、住房、计划生育特别扶助等专项救助制度为补充和保证的救助体系。在中国人口老龄化快速发展的背景下，老年社会救助体系未来所面临的挑战会更多，老年贫困特别是农村老年贫困会更为突出，社会救助的意义也就异常重大。

什么是养老保险金

养老保险是国家依据相关法律法规，为解决劳动者在达到国家规定的解除劳动义务的劳动年龄界限或因年老丧失劳动能力而退出劳动岗位的问题而建立的一种保障其基本生活需求的社会保险制度。目的是以社会保险为手段来保障老年人的基本生活需求，为其提供稳定可靠的生活来源。养老保险金是在法定范围内的老年人"完全"或"基本"退出社会劳动生活后才自动发生作用的。所谓"完全"是以劳动者与生产资料的脱离为特征，所谓"基本"指的是参加生产活动已不成为主要社会生活内容。

养老保险金的领取需要什么条件

养老保险金的领取需要满足以下两个条件：

（1）达到国家规定的退休条件，已办理相关手续。

（2）按规定缴纳基本养老保险费，累计缴费年限满15年的，经劳动保障行政部门核准后的次月起，方可按月领取基本养老金及丧葬补助费等。基本养老保险由企业和被保险人按不同缴费比例共同缴纳。以上海市养老保险缴费比例为例：企业每月按照缴费总基数的 20% 缴纳，职工按照本人工资的 8% 缴纳。

什么是老年社会福利

老年社会福利是指国家和社会通过社会化的福利设施和有关福利津贴，满足老年人的生活服务需要并促使其生活质量不断得到改善的一种社会政策。

（1）从责任主体上讲，国家（通过政府有关职能部门，主要是民政部）和社会（通过社会福利事业的社会团体）是老人社会福利的责任主体。

（2）从享受对象上看，以"三无"老人为主，同时也包括所有老人。

（3）从服务提供方式上，既包括社会救济意义上的物质保障，也包括社会福利意义上的社会服务。

（4）在社会服务的性质上，体现出经济福利性。

老年社会福利主要有哪些形式

中国的老年人福利主要有三种形式：

（1）收养性福利。收养性福利的主要职能是收养无家可归、无依无靠、无生活来源的孤寡老人。在经济条件比较好的地区，也开始出现了自费收养，主要收养一些由其单位或亲属承担费用的老人。收养性的福利设施包括养老院、托老院、老年公寓和福利院等。

（2）娱乐学习性福利。娱乐学习性福利的主要职能是为老年人提供各种文化娱乐性服务，面向所有老年人开放。主要包括老年大学、老年活动中心等。同时，根据不同地区的不同情况，可以组织老年人郊游等休闲娱乐活动。

（3）保健服务性福利。保健服务性福利主要是为老年人提供一些生活和健康方面的服务，面向全社会的老年人，这类设施主要包括老年康复中心、老年医院、老年咨询中心、老年交友中心等。

中国的"三支柱"养老保险体系包括哪些内容

中国已然初步构建起以基本养老保险为基础、以企业(职业)年金为补充、与个人储蓄性养老保险和商业养老保险相衔接的"三支柱"养老保险体系。中国养老保险体系中第一和第二支柱的推行历史更长。第一支柱是基本养老保险,主要由城镇职工和城乡居民基本养老保险两大制度构成,成为目前世界上覆盖人数最多的养老金制度,起到了国民社会经济"安全网"的重要作用。第二支柱是企业年金和职业年金,主要由用人单位自主建立、市场投资运营、政府综合监管,起到了提高部分老年人生活水平的补充作用。第三支柱是个人储蓄性养老保险和商业养老保险,其内容宽泛,与国际发达国家相比,第三支柱是我国养老保险体系中的短板。2022 年国务院出台了《国务院办公厅关于推动个人养老金发展的意见》,这彰显出我国政府对建立并完善第三支柱养老保险制度的决心与力度。

经济赡养的形式有哪些

子女履行赡养义务，可给付赡养费，也可将父母接至家中共同生活。赡养费的支付形式可以是金钱，也可以是实物。经济赡养应包括生活费、医疗费等必要费用，数额应根据父母的需要程度、当地的物价水平、子女的抚养能力等因素确定。生活费的给付一般不低于子女本人或当地的普通生活水平。有两个以上子女的，应共同负担赡养费用。

老人可以无条件要求子女
给付赡养费吗

赡养老人不仅是中国的优良传统，更是成年子女的法定义务。正常情况下，父母抚养子女长大，子女在父母年老之后应该赡养父母，这体现了权利与义务相一致的原则。成年子女对父母负有赡养、扶助和保护的义务。缺乏劳动能力或者生活困难的父母，有要求成年子女给付赡养费的权利。但是在以下几种情况下，可以免除子女的赡养义务：

（1）父母犯有严重伤害子女感情和身心健康罪行的，原则上丧失了要求子女赡养的权利，包括父母杀害子女未遂的，父母奸污子女的，父母虐待、遗弃子女的。

（2）未婚或者离异的子女丧失劳动能力或不能独立生活的。

（3）已婚的成年子女本身无经济收入，其家庭收入不足以维持当地基本生活水平的。

需要指出的是，第（2）和第（3）种情况只是免除了子女给付金钱的义务，但生活上的照料和精神上的慰藉不可以免除。

面对子女故意不赡养，
父母该如何维护自己的权益

子女不要轻视赡养的义务。父母发现子女故意不承担赡养义务时，要主动追究子女的法律责任，依法通过诉讼维护自己的权利。

（1）寻求社区工作人员帮助。对于子女不赡养问题，可以寻求社区工作人员帮助，对子女进行批评教育，社区协助监督。

（2）提起民事诉讼。对于儿女不尽赡养义务，老人可以委托律师，向法院提起诉讼。赡养人不履行赡养义务，老年人有要求赡养人给付赡养费的权利。

（3）追究刑事责任。对于年老、年幼、患病或其他没有独立生活能力的人，负有赡养义务而拒绝赡养，情节恶劣的，处五年以下有期徒刑、拘役或者管制。不尽赡养义务的子女可能构成遗弃罪。

父母有养老金和医疗保险，
子女可以免除经济赡养义务吗

　　赡养父母既是中华民族的传统美德，更是子女应当承担的法定义务，也是社会普遍认可的道德准则，任何人不得以任何方式加以改变，也不得附加任何条件进行限制。子女以父母具有经济收入为由要求免除支付赡养费的理由不能成立，不能得到法院的支持。《民法典》明确规定子女对父母有赡养扶助的义务，子女不履行赡养义务时，缺乏劳动能力或生活困难的父母，有要求子女给付赡养费的权利。该条明确了子女对父母的赡养是一项基本的法定义务，其涉及最基本的身份血缘关系和基本的社会公德，属于法定强制性义务，不能附加任何条件，更不能随意解除。赡养父母是子女的法定义务，不以父母经济状况的好坏为前提。生活中常有子女主张老人有养老保险或其他政策补偿的收入，经济水平较高，能够满足自身家庭的日常开支需求，而自身经济条件不济，没有承担赡养费的能力。子女是否应当承担赡养父母的义务，并非以经济条件为唯一考量，如果子女经济条件相对欠佳，在数额上，法院也会酌情判决，不会影响子女正常的生活。

计算赡养费用的数额时需要进行综合考量。给付赡养费并非履行赡养义务的唯一方式，赡养父母除了物质上的帮助外，更应当在精神上、生活上给予父母全方位的关心和爱护，妥善安排父母的衣食住行，鼓励父母健康、快乐地生活，使他们在情感上得到慰藉，精神上得到满足。在处理赡养纠纷案件时，父母在子女经济条件不宽裕的情况下，也不应苛求子女仅以给付赡养费的方式履行赡养义务。父母、子女之间应相互体谅、相互关爱，子女应顾念父母的养育之情，父母亦应体谅子女的现实难处，在赡养问题上，多商量、多沟通，妥善处理各方矛盾，让父母和子女间的亲情关系回归和谐。

已婚女儿是否可以免除赡养义务

　　传统社会中强调"养儿防老"与"嫁出去的女儿泼出去的水"，因此对女儿而言，原生家庭属于寄养家庭，已婚女儿对父母不承担法律或道义上的赡养义务。随着现代社会的来临，性别平等意识的加强与独生子女家庭的增多，法律上同样认可女性作为子女的赡养权利与责任，同时也赋予了女儿与儿子同等的受教育权、财产继承权等。因此，已婚女儿当然不能免除赡养父母的义务。成年子女对父母负有赡养、扶助和保护的义务。这里所称的"子女"包括已婚、未婚的成年儿子和女儿。因此，结婚后的女儿同样具有赡养义务，不能以结婚为由免除该义务。

农村留守老年人的经济供养难题如何化解

农村留守老年人是我国工业化、城镇化、市场化和经济社会发展的阶段性问题，是城乡发展不均衡、公共服务不均等、社会保障不完善等问题的深刻反映。党中央国务院高度重视留守老年人关爱服务工作。党的十八届三中全会提出要"健全农村留守儿童、妇女、老年人关爱服务体系"；2016 年国务院《政府工作报告》提出要"加强农村留守儿童和妇女、老人的关爱服务"；党的十九大报告强调要"完善社会救助、社会福利、慈善事业、优抚安置等制度，健全农村留守儿童和妇女、老年人关爱服务体系"；2017 年，民政部、公安部、司法部、财政部、人力资源社会保障部、文化部、卫生计生委、国务院扶贫办、全国老龄办等 9个部门联合印发了《关于加强农村留守老年人关爱服务工作的意见》，为解决农村留守老年人的经济供养难题提供了相关的法律和政策要求。

与子女分开居住是提高还是减少了父母的经济所得

　　一般而言，子女外出务工虽然会削弱老人获得的直接生活照料以及与子女的情感交流，但可以提高家庭整体经济供养能力，老年人可以得到更高水平的经济支持。外出子女通常会考虑到自身对老年父母照料不足，而增加对老年父母的经济支持，相当于"金钱换时间"。类似地，子女不与父母同住或者居住距离较远常常也会增加父母获取的经济供养。以往我们总是认为，老年人只有在空间上与子女同住才能获得足够的养老支持，但实际上子女对父母的支持不仅存在于同住这一家庭空间范围内，而且也存在于不同住的家庭之间。

全生命周期视角下的财富平衡
为什么重要

　　生命周期理论认为理性的人们会根据自己一生的预期收入来安排其一生的消费，使一生的收入与消费相等，从而效用最大化。人的一生分为 3 个阶段：负产出的青年期、正产出的中年期、负产出的老年期。每个人都想有尊严地活着，但活得有尊严是有条件的：有钱不一定有尊严，没钱基本没有尊严。每个人都追求高品质生活，但高品质生活需要经济的支持，老年人仅仅依靠养老金是不够的，怎么办？除了靠子女的经济支持，更多还是依赖自身中青年时的财富积累。如若中年期的收入盈余较少或者老年期的消费支出过度，那么后果往往是老年贫困。可见，生命周期视角下的财富平衡尤为重要。

如何树立正确的老年消费观

老年人群体在市场消费的过程中呈现出信息闭塞、渴望陪伴、注重健康养生、辨别能力弱等特点，而这些消费特点时常被不法经营分子投机取巧，设置一个个"坑老陷阱"，侵犯老年消费者权益，进而骗取其钱财。尤其是在医药保健和金融理财方面，老年消费者上当受骗的案例更是屡见不鲜。

（1）科学理性消费。远离非正规机构、渠道的专家义诊、免费体检、产品讲座、组织旅游等各类保健宣传、经营行为。如身体不适要及时通过正规医院就诊治疗，牢记保健品不能代替正规药物功效。

（2）增强防范意识。多关注新闻、社区宣传栏，不轻易泄露个人信息，不轻易点击陌生短信、链接，非必要不在网上大额支出。遇到问题多与子女交流、沟通，切勿贪图便宜，造成经济损失。

（3）警惕"低价游"陷阱。不盲目追求便宜，谨慎购买旅游商品，切记索要发票、收据等凭证，以便消费维权。

老年人怎样分配好自己的财产

一家人平日相安无事，可一旦涉及父母过世遗产分配问题，就很容易出现纠纷，甚至对簿公堂。老人若是提前分配好财产，后果必是有喜有忧，甚至与子女的孝顺与否相挂钩。因此，老年人在分配与处置自己财产时应注意以下几点：

（1）分家协议需全体家庭成员参加确认。分家协议包括家庭财产分配、遗产继承、老人赡养等问题，其合法有效性必须经由全体家庭成员共同在场确认。

（2）儿子和女儿拥有的继承权是一样的，父母不能因为偏爱某个孩子而进行不合理的分配，这样会使孩子们受到伤害。若是某一子女承担较多的养老责任，那么多分一点财产也合情合理。

（3）遗产可以主动披露。老年人不主动透露遗嘱内容可能是担心破坏子女之间的关系，但现实往往是，由于遗嘱未透漏，在老人去世后家人可能会以争吵等更激烈的方式解决。

（4）老人给自己留一份财产。有些老人会选择把财产全部分给子女，这样做最大的不足在于晚年生活得不到保障。应该留一些财产给自己，这样老人才有能力解决自己的生活需求。

经济上支持子女是否就是被"啃老"

社会中出现越来越多的父母帮扶成年子女的现象，但这是否一定是"啃老"？答案是不能一概而论。所谓的"啃老"现象，并不必然是子女不孝，很多时候不过是父母主动寻求的结果。近年来，随着父辈们物质基础的提高、健康状况的改善，许多家庭的父母能够斥资为子女购房，目的是与子代建立更加亲密的关系，满足父母的参与期待、回馈期待与居住期待，父母是整个购房过程中的发动者。实际上，这是一种资源流动的转向，是父母对子女现实困难的一种积极回应，也是很多家庭面临生存与生活压力时的一种团结策略，无关乎孝道。尽管代际资源在向下流动，但这不能被笼统视为孝道衰落或"啃老"。

为什么老年人参与财富创造很重要

随着我国人口健康状况的改善和平均预期寿命的延长，已过退休年龄的老年人多仍有精力、有意愿继续参与社会经济活动，特别是低龄，身体健康，兼具知识、组织与专业能力的老年人具有强烈的自我实现的价值追求。倘若忽视老年人参与社会经济活动、发挥作用的意愿，不但会造成这些尚有价值的老年人力资源的闲置与浪费，更难以满足老年人对于实现自我价值的追求。同时，伴随着我国的经济增长与产业结构的转型升级，劳动方式与就业结构改变，重体力劳动逐渐减少，人口健康水平不断提升与平均预期寿命大幅延长，持续低生育率导致劳动力人口短缺现象日益凸显，过早退休显然不利于经济社会的健康运转。中国虽然实行的是部分积累型社会养老保险制度，但实际上养老金个人账户长期处在空账运转状态，低生育率下形成的倒金字塔形人口结构使得社会养老保险难以为继，西方发达国家与中国均面临养老保险亏空越来越大的严峻挑战。延迟退休年龄是积极应对人口老龄化的应有之义，这既可以充分发挥老年人作用，又实现老年人对"老有所为"的价值追求，还可以增强社会养老保险制度的可持续性，可谓一举多得。在此情况下，积极开发老年人力资源，在老年人努力实现"老有所为"的同时，增加老年劳动力供给，促进社会经济发展，就成为我国政府的应然之举。

以房养老是否可行

　　以房养老是指老年人住房反向抵押养老保险，通常也被称为倒按揭、反向按揭。中国保监会决定实施的反向抵押养老保险是一种将住房抵押与终身养老年金保险相结合的创新型商业养老保险业务，即拥有房屋完全产权的老年人，将其房产抵押给保险公司，继续拥有房屋占有、使用、收益和经抵押人同意的处置权，并按照约定条件领取养老金直至身故。老年人身故后，保险公司获得抵押房产处置权，处置所得将优先用于偿付养老保险相关费用。投保人群为60周岁以上拥有房屋完全独立产权的老年人。老年人住房反向抵押养老保险，是中国目前试图探索的多元化养老方式之一。然而，考虑到中国当前老年人住房情况，有住房所有权的老年人多不需要反向抵押贷款提高生活质量，以房养老的推行可能背离提高低收入老年人生活状况的初衷，并加剧代际矛盾和冲突。以房养老只是提供一种多元化的养老方式，是市场化运作的一种自愿的、自主选择的行为，在当前法律体系和信用机制尚不完善的情况下，保险公司和老年人的权益都无法得到保障，前者恐怕只能退避三舍，后者只能寄希望于其他。即便双方都愿意冒险，以房养老恐怕也只能是作为最后一根救命稻草而存在，而不能成为主流。

老年人该如何防止诈骗
并守住自己的养老钱

当今社会，诈骗套路层出不穷，老年人防范意识薄弱，常常成为诈骗分子的"下手对象"。养老诈骗，是影响社会稳定、破坏公共秩序的涉众型犯罪。一些老年人受"养生保健""以房养老""投资养老"的诱惑，结果造成经济损失、精神痛苦，严重影响老年人身心健康、家庭和睦。作为老年人，应当如何反诈防骗，守护好自己的养老钱？

（1）不要贪图小便宜。面对当前形形色色的骗术，一定要保持清醒的头脑，不贪图小利，不轻信他人，牢记世上"没有免费的午餐"。要打消"用小钱赚大钱""吃小亏赚大便宜""不劳而获"的念头，要看好自己的钱袋子，凡是有人让您出钱，一定要多一个心眼，不能轻易将自己的钱拿出来。

（2）理性保健。要从正规的渠道获取科学的保健常识，如果患有疾病，要主动到医院就医，保健品不能治愈疾病。相反，伪劣的保健品会加重患者的病情，贻误治疗良机。不要轻信有包治百病的灵丹妙药和天上掉馅饼的免费午餐，以防陷入"药托"的骗局。

（3）树立个人信息安全思维。注意妥善保管自己的个人信息，如本人证件号码、各种与身份信息或银行卡绑定的账号、密码等，不向他人透露，并尽量避免通过公共网络环境使用金融服务。遇到能够说出自己姓名、身份证号码、家庭住址等个人信息的电话、短信，要提高警惕，谨慎对待，遇到问题要多和子女沟通，如有疑问及时联系公安机关核实。

（4）警惕陌生人。由于老年人独自在家时间居多，日常应多与邻居打交道，遇到可疑、陌生的人经常观望、敲门等情况要引起重视。对上门维修、送货、送礼物等身份不能确定的人员，尽量等子女回家后再接待。

（5）多与亲友沟通。凡是提及房子、钱财的时候，不要相信骗子那些"不能告诉任何人"的话术，自己拿不定主意时，不要急于做决策，不要固执己见，多听取亲友意见，常与亲友交流。亲属子女要与家庭中的老年人多交流，给予他们更多关爱。

养老知识详解

"60岁开始读"科普教育丛书

三

照料服务

什么是居家养老

　　从服务资源供给的角度看，居家养老是指老年人在家中居住但养老服务却是由社会来提供的一种社会化养老模式。从居住地点或居住方式的角度，居家养老是指老年人居住在家中，而不是入住养老机构安度晚年。可见，居家养老是在家中养老，而居家养老服务是老年人在家中居住，但由社会提供（部分）养老服务的养老方式。因为居家养老服务往往与社区紧密联系，所以不可否认社区内的社会化服务是当前实现居家养老的重要保障。

哪些养老服务能送上门

　　凡是老年人的需求都应成为居家养老服务的内容。主要包括如下三类：一是物质生活方面的需求，如衣食住行用；二是医疗保健需求，如保健、医疗卫生等；三是精神文化需求，如文化娱乐、情感和心理慰藉、心灵沟通等。老年人也有为社会发挥余热来实现自身价值的要求，这也是心理慰藉的一个方式。狭义的居家养老服务包括为老年人提供生活照料、家政服务、康复护理及精神慰藉等综合服务。广义的居家养老服务应该包括衣食住行、医疗保健、学习教育、健身娱乐、情感慰藉、法律咨询、生活援助、参与社会等内容。而日间托老所、老年餐桌、送餐服务等既是社区服务的内容，也是机构养老服务的一种延伸，对居家养老形成支撑，从而也可视作居家养老服务的内容。

上门养老服务是否安全

居家上门服务是国家力推的养老服务工作，一般由政府出资，甄选服务口碑相对较好、各类资质齐全、服务队伍经验丰富的公司或者民办非企业单位来提供服务，相对来说是安全且值得信赖的。如果居家服务不好，老人及其家庭还可以向有关部门投诉。当然，选择了居家养老，老人和子女应当也需要注意以下四个方面的问题。

（1）信息联络：对于空巢和独居老人，子女应每天与老人沟通联系，掌握老年人生活及安全动态；邻里间最好要有互动，尤其是子女在外地工作的，应知道老人邻居及社区的联系方式，便于紧急情况时求助。

（2）与社区建立联系：老年人要与社区居委会、社区卫生服务中心或服务站建立联系，满足老年人安全、社交等需求。

（3）照护者监督：照护者必须持有个人身份证及个人无不良行为记录证明，如由专业照护机构派遣，需具有相应的培训资质证书，有良好的诚信记录，派遣机构负责照护质量检查及监督，家属定期抽查其服务质量，避免虐待老年人的现象发生。

（4）居家安全：水、电、燃气需要有报警装置，地面防滑，符合无障碍居家环境要求，保证老年人的安全。

老年人如何获得居家养老服务

居家养老服务可分为福利性与市场性两个基本部分。福利性居家养老服务属于政府基本责任范畴，政府主要通过财政补贴或直接购买服务来履行责任。服务对象多为经济困难的独居、孤寡、高龄老人。市场性居家养老服务主要由市场主导，需要被服务者个人或其家庭直接在市场上购买所需服务。进一步地，可以将居家养老服务对象分为无偿、低偿和有偿三类，前两种与后一种分别对应前面的福利性与市场性居家养老服务。这里所说的无偿、低偿与有偿不是指居家养老服务本身，而是指在接受居家养老服务时，服务对象是否支付服务费用，以及在多大程度上承担服务费用。无偿指服务对象可以免费获得居家养老服务，但绝不意味着服务者免费提供居家养老服务，而是由政府或第三者承担服务费用。低偿指服务对象以低于市场价格获得居家养老服务。对服务对象是低偿，但对于居家养老服务提供者来说，除少量志愿者提供的服务之外，多为服务者按照市场价格提供居家养老服务，市场价格与用户支付费用之间的差额部分由第三方支付。这第三方可以是政府，也可以是各种慈善组织或基金会等。也就是说，居家养老服务费用由服务对象与第三方共同承担。老人若想获取无偿或低偿的居家养老服务，可以向所在社区咨询当地有关政策，审视自身是否符合享受条件。有偿指用户按照市场价格购买居家养老服务，居家养老服务费用全部由服务使用者承担。老人若想获取有偿甚至优质的居家养老服务，可以通过互联网查询、咨询子女等方式向各类养老机构或家政公司购买各种各样的专业服务。

什么是养老家庭照护床位

　　家庭养老照护床位是指根据居家老年人的基本服务需求，通过对老年人家庭进行必要的适老化改造，由养老机构在老人家庭中提供专业养老服务。老年人向所在社区居（村）委会提出申请，并在符合条件的养老机构中选择服务机构。社区居（村）委会收到申请后，数日内完成初审并移交至老年人选定的养老机构。服务机构选择遵循"就近就便"原则，在老年人所属街镇的养老机构（包括社区养老服务驿站、养老照料中心、养老院）中选择，有特殊需求的可在全区养老机构中选择。养老机构评估员对老年人身体情况、家庭适老化情况进行服务评估，由规划师确定服务等级和服务内容，出具养老服务规划书，与老年人及其家属协商，确定服务项目，并签订家庭养老照护床位服务协议。养老机构收到申请材料后，完成评估及规划，老年人对服务规划无异议的，签订家庭养老照护床位服务协议。以上海市为例，养老家庭照护床位先行在中心城区试点，全市已有 16 家养老机构开始提供服务。

什么是人工智能居家养老服务

　　人工智能是指通过普通计算机程序来呈现人类智能的一门新科学技术，集计算机科学、心理学、信息论、语言学、数学等多种学科于一体。随着机器学习、神经网络和深度学习取得重大突破，人工智能实现了由人脑模仿到自主深度学习，由数据简单计算到大数据分析处理，由提高劳动效率到替代人类劳动的巨大转变。人工智能应用于居家养老，其本质是将人工智能技术深度融合于传统居家养老服务，从而形成一种新型居家养老系统。该系统以人工智能为核心控制中枢，以物联网设备作为执行终端，以外部养老服务资源作为补充，依靠第五代通信技术（５Ｇ）实现三者的连接，为居家老人提供全面、周到和快捷的服务。

目前，上海、南京和青岛等大城市推出的"家庭养老床位"服务就是人工智能居家养老的缩影。通过安装智能感应、智能穿戴、远程监控等电子信息设备，为失能（失智）、半失能老人提供居家养老服务，将专业化、精准化和个性化的照料护理延伸至家庭。

什么是社区养老

社区养老作为养老方式之一，是指以家庭为核心，以社区为依托，以老年人日间照料、生活护理、家政服务和精神慰藉为主要内容，以上门服务和社区日托为主要形式，并引入养老机构专业化服务方式的居家养老服务体系。社区委员会（也可以由街道或几个社区组成的大居委会或小区物业管理委员会）设立社区养老服务机构，或将养老服务内容增加到已有的社区服务中心的服务项目中，利用已有的丰富的社区资源，使社区范围内居民家庭中遇到的养老问题得到及时地关注和有效地解决。中国的社区具备了承载家庭养老与服务功能的天然优势。在社区居委会中，其居民成员的构成或居民的家居方位都具有较大的稳定性，便于居民间的人际互动和社区与居民间的相互了解和支持。因此，社区养老服务网络立足于街道与社区，服务于本街区管辖内的居民，在养老问题上发挥了积极的作用。

社区养老包括哪些内容

社区养老服务就是通过政府扶持、社会参与、市场运作，逐步建立以家庭养老为核心，社区服务为依托，专业化服务为依靠，向居家老人提供生活照料、医疗保健、精神慰藉、文化娱乐等为主要内容的服务。主要内容是：①举办养老、敬老、托老福利机构；②设立老人购物中心和服务中心；③开设老人餐桌和老人食堂；④建立老年医疗保健机构；⑤建立老年活动中心；⑥设立老年婚介所；⑦开办老年学校；⑧设立老年人才市场；⑨开展老人法律援助、庇护服务等。

什么是长者照护之家

　　长者照护之家是一种新型养老服务设施，为社区老年人就近提供集中照护服务，功能介于社区日间照料中心和敬老院、护理院之间。越来越多的老年人渴望尽可能长久地留在自己熟悉的社区，老人的家属也希望能够就近探望老人。长者照护之家的优点在于老人能在熟悉的社区环境里，既享受到专业的养老服务，也不影响老人家属子女日常的探望照顾。长者照护之家打通了养老机构、家庭养老和社区养老之间的障碍，将老年人的"生活圈"和"养老圈"融为一体。

什么是社区综合为老服务中心

  社区综合为老服务中心是指社区内各类为老服务设施相对集中设置，并依托信息化管理平台，统筹为老服务资源、提供多样化服务、方便群众办事的为老服务综合体。中心建筑面积一般能够实现"一站式综合服务""一体化资源统筹""一网覆盖的信息管理""一门式的办事窗口"等功能。其具体功能设施应包括为老年人提供日托或全托服务（如长者照护之家）的场所设施、具备医疗服务资质的机构、为居家老年人提供助餐或助浴服务的场所设施以及为家庭照料者提供支持服务的场所设施等。社区综合服务中心已经在社区建设的大潮中成长并日益壮大起来，作为社区服务提供主体之一，它是整合社区资源与外部资源对接的重要据点，是开发社区居民潜能的使能者。

您听说过认知症友好社区吗

全球运行着认知症友好化行动的国家和地区，对认知症友好社区有着不同的定义。英国阿尔茨海默病学会的定义是：一个让认知症人士得到理解、尊重和支持的地方，无论它是城市、城镇还是村庄。澳大利亚认知症协会则提出，认知症友好社区是认知症人士得到支持，过上有意义、有目的和有价值的生活的地方。新加坡致力于为认知症人士及其照护者创建一个更具爱心和包容性的社会。认知症友好社区有着三个核心维度：

（1）增强意识。大范围的社会倡导，包括公共健康教育——让更多人知道认知症，理解认知症对个体所造成的影响。它也包括友好行动的倡导，以减少认知症的耻感和污名，鼓励更多人和认知症人士接触，并为他们提供点点滴滴的帮助。

（2）让认知症人士能够像普通居民一样，参与社区生活。允许认知症人士平等使用社区或机构的各种设施，允许他们发挥现有功能甚至优势来为家庭和社区做出贡献。

（3）帮助认知症人士和他们的家庭照护伙伴在社区里继续好好生活的支持资源。认知症友好化不仅要推动政府在社会福利、医疗卫生和养老服务领域出台相关政策，也要提升面向认知症人士及其家庭成员的专业服务能力，以响应他们不断变化的需求。

如何申请喘息服务

随着人口老龄化程度越来越高，失能、失智老年人的照护问题尤为突出，也让长期照顾长者的家庭成员们感到越来越大的压力。喘息服务是由政府组织专业的养老服务机构，为居家的失能、半失能长者提供短期的全托照料服务，并由政府承担部分服务费用，让长期承受照料压力的家庭成员得到喘息的一种养老服务模式。喘息服务不仅将原本照护老人的亲属"解放"出来，得以喘息缓解，更是通过专业机构传帮带，让家属成为照护能手。喘息服务的申请条件一般要求拥有所在地户籍及常住身份的 60 岁以上的失能、失智老年人。其中优先保障优抚对象，如特困、低保、低收入家庭中的失能、失智老年人。申请方式：符合条件且有相关需求的市民可通过所在社区居委会报名申请。

什么是机构养老

机构养老是指政府或社会专为老年人养老所提供的综合性服务机构和设施，以及由此形成的养老社区。它是在特别设置的场所，采取专业化的方式，为老人提供医疗、护理、康复和日常生活等方面的养老照护服务。以生活照顾方式为标准，由社会福利机构为老年人提供住养、照护等综合性服务的机构养老，是社会化养老的一种。机构养老界定的最主要依据是其服务场所，即专业化的养老机构。机构养老的服务来源，也是专业化的服务人员，这些专业人员受到过充分的教育和培训，具备较高的服务技能和实践经验，能够为老人提供专业水平的服务。

哪些人适合机构养老

目前我国最多的养老方式还是在家庭中进行，但如今的"四二一"家庭模式，则向传统的养老模式提出了严峻挑战。面对现实，如何让老年人的晚年过得舒心，子女也放心？到养老院居住其实是不错的选择。不过，不是所有老年人都需要住进养老机构，以下几类老年群体相对更适合在机构中养老：

（1）久病不起的老人。对于这些长期生病且需要照顾的老人，住进养老院是一个比较合适的选择。俗语讲：久病床前无孝子。无论是在体力上，还是精力上，儿女往往都心有余而力不足。这类老人入住养老院，其实是一种刚需。

（2）老年痴呆的老人。这一类老人身体可能处于一个相对健康的状态，但就是离不开人，需要有人时刻关注。可能相对来说，患有老年痴呆的老人住进养老院，是一件让老人更安全、让家人更放心的事情。

（3）高龄老人。对于这些高龄老人来说，如果能够住得起服务优质、环境优美的养老机构，那么养老院可能才是他们真正能颐养天年的地方。

（4）独居老人。这一类老人，平时缺少人关心，也没有定期体检的意识，身体可能出现各种隐患，当突遇意外时还无人发现，后果简直不堪设想。为了减少这一类意外的发生，独居老人其实可以选择住进养老院。养老院一般都会有定期体检，可以保障老人的安全健康，遇到突发情况，也有人能及时救助，而且还能交到一群好朋友，一起享受快乐的晚年。

在机构养老自由吗

在养老机构里就意味着失去自由，这是对机构养老的常见误区之一。机构养老一般可以帮助老人自主安排机构生活和子女探望，提前通知机构做相应的安排即可。当然，在疫情等非常态化期间，考虑到老人和工作人员的生命健康安全，一定的自由限制是必须的。其实，即使选择在家中养老，自由也是有限的：三餐的选择有限，娱乐活动的选择有限，身边可交流的朋友也非常有限。但是，选择在机构养老，特别是条件好的机构，不仅可以实现饮食丰富和娱乐活动自由，更能继续追求梦想，生活充实又惬意。

养老机构比家里更安全吗

入住养老机构实际上更有利于老年人的健康与安全。养老机构一般白天、晚上都有工作人员，而且有基本的医疗设备，老人如果急病发作，也不会因为没人发现而耽误了抢救时机。为此，所有的养老机构都竭尽所能给老人提供各种良好的服务。例如，其中的医疗条件，实行 24 小时医生值班，让老人居能安身、医可治病，这是任何一个家庭都难以做到的。养老机构良好的服务解除了老人和子女的后顾之忧。此外，现在不能自理的老人越来越多，在家里让儿女照顾不仅占据他们大量的时间，而且得不到专业的指导和照料，遇见突发情况也处理不好。目前除了公办养老院中的一些特殊情况外，大多数老人选择住养老机构是付费服务，如果养老机构提供的服务安全性不好，老人们都可以直接提出自己的意见或是选择去其他的养老机构。

住养老机构看病方便吗

一般的养老机构都会配备基本的医护人员，老人们看一些小病、小痛是十分方便的。特别是近年来"医养结合"的大力推广，使得越来越多的养老机构中老人看病变得十分便捷。不过，一旦老人遭遇重大疾病风险，养老机构的医疗资源就会显得束手无策了，这时候往往需要养老院与医院能够打通渠道，实现患者"一键直达"专业医院。对于高端的养老院来说，机构内配备的医生资源比较充足，而且还设立专门的医疗机构与养生机构，医疗服务也更加到位。不过，这往往对入住老人及家庭的经济门槛提出了较高的要求。

机构养老的入住费用应由谁支付

公办养老机构设施相对齐全、服务相对好、收费相对低，但这并不意味着公办养老机构的运营成本低与效率高，情况可能恰恰相反，只不过其部分费用由政府而不是由入住老年人及家庭承担罢了。那么，入住公办或公助养老机构的费用究竟应由谁支付？公办或公助养老院应承担如下三大责任：一是为城市"三无"与农村"五保"老年人提供无偿服务；二是为贫困家庭老年人提供低偿服务；三是为普通老年人提供非营利性服务。公办或公助养老机构应根据本地经济实力，适当满足社会老年人入住养老机构的需求，为他们提供非营利性服务。在前两个责任还没有完全履行的情况下，第三个责任只能暂时搁置。高龄或失能半失能的城市"三无"老人与农村"五保"老人，应是政府基本的机构养老服务的保障对象，其费用由政府承担。而其他老年人要想入住公办或公助养老机构，必须按照略低于市场价格的公益价格支付机构照顾费用。或者将老年人自己的退休金与财产交给政府，由政府负责老年人晚年的基本生活照料问题。民办养老机构一般质量参差不齐，其服务与收费基本遵从市场原则，"好货不便宜""价高者得"。因此，民办机构的养老费用基本都由老人及其家庭承担，并且收费标准由市场供需决定，价格有高有低，政府对此不能过多干预。

老年人入住养老院前
有哪些注意事项

（1）体检报告。每家养老院都会要求新入住老人到医院进行体检，至于具体做些什么体检，不同养老院会有不同的要求。

（2）病史。虽说入住前，老人都会经过体检合格后才能被养老院接受。但对于老年人过往的病史，或许已经痊愈，或许体检报告没有写明，这里还是建议家属告知院方，不要隐瞒，以便养老院能够提供更加贴切的护理服务。

（3）生活习惯。每个人有着自己的生活习惯，尤其是老年人，需要更长时间来适应新环境。如果家属能够告知院方老年人的生活习惯，尤其是特别的习惯，这样养老院可以更加了解并帮助老年人迅速融入新的环境、新的团体。

（4）签订协议书。这个是入住前需要特别注意的事项。签订协议书对于老人以及养老院都是一个法律保障，万一引起纠纷，协议书就是重要的法律根据。所以，住户在签订协议书前，必须仔细查看协议书的每一个条款，有任何疑问必须马上提出。一旦签订后，双方就必须履行各自的权利和义务。

（5）个人钱财物品。要提醒老人的是，入住前必须当面清点所有钱财物品。有些养老院不允许老人携带贵重的物品，否则遗失了就很麻烦。若非得要携带一些贵重物品，那老人必须对此负责，万一遗失了，通常养老院是不承担任何责任的，因此不鼓励老人这么做。

养老知识详解

"60岁开始读"科普教育丛书

四

医疗护理

什么是医养结合

医养结合就是把专业的医疗技术检查和先进设备与康复训练、日常学习、日常饮食、生活养老等专业相融合。以医疗为保障，以康复为支撑，边医边养、综合治疗。从技术上尽可能地实现疾病转归，使患者的各项功能得到保持或恢复。利用"医养学一体化"的发展模式，把大病早期识别干预、大病早期康复训练、日常生活、养护疗养、日常学习、护理等综为一科。"医养结合"是人类医疗改革创新中的重点康复工程，是一种切实可行的医疗改革新模式。"医养结合"养老模式涵盖五个方面的元素：

（1）"医养结合"服务的提供方。具体包括老年公寓、护理院、临终关怀院、各级医院、社区卫生服务中心和社区居家养老服务中心等。

（2）"医养结合"服务的对象。"医养结合"养老服务面向健康、基本健康、不健康和生活不能自理的四类老年人，但重点面向生活不能自理的老年人，主要包括残障老年人、慢性病老年人、易复发病老年人、大病恢复期老年人及绝症晚期老年人等。

（3）"医养结合"的服务项目。"医养结合"服务不仅仅提供日常生活照料、精神慰藉和社会参与，更为重要的是提供预防、保健、治疗、康复、护理和临终关怀等方面的医疗护理服务。

（4）"医养结合"的服务方式，主要包括三种，即养老机构或社区增设医疗机构、医疗机构内设养老机构、养老机构或社区与医疗机构联合。

（5）"医养结合"养老模式的管理及相关政策制度。具体包括"医养结合"服务的管辖部门、管理方式、扶持政策的制定与落实等。

"医"与"养"有哪些特点

"医"主要就是重大疾病早期识别和必要的检查、治疗、康复训练，包括有关疾病转归、评估观察、有关检查、功能康复、诊疗护理、重大疾病早期干预以及临终关怀等医疗技术上的服务。"医"一般有赖于长时间的学习和研究，既需要扎实的理论基础，也需要丰富的临床经验，专业性很强，可替代性低，医疗服务价格高。"养"包括生理和心理上的护理、用药安全、日常饮食照护、功能训练、日常学习、日常活动、危重生命体征、身体状况分析、体重营养定期监测等服务。"养"乃正常人基本生活技能，无需专门训练或经短期训练即可胜任，专业性不强，可替代性高，养老服务价格低。"医养结合"中的"医"难且贵，而"养"易且相对便宜。因此，医院办养老院相对容易，养老院办医院难度很大。

为什么要医养结合

中国已经进入老龄化时代，社会"老年病"具有常发、易发和突发的特点，加上车祸、失能、半失能的康复治疗和看护问题困扰着千家万户。而医疗与养老的现状却是医疗团队和康复互相独立，一旦患病就不得不经常往返于家庭、医院和康复机构之间，既延误治疗，又增加了家属的经济负担。医疗和康复的分离，也致使许多患重病的人把医院当成养老院，成了"常住户"。患者"押床"，使其他需要住院的人住不进来。因此，医养结合的推行动机主要有以下几点：

（1）老年人有需求。老年人患病率高，对医疗服务依赖性高。

（2）医保支出过度，财政负担增加。以往养老机构缺少医疗服务，大量失能、半失能老年人滞留医院，既挤占了医疗资源，也增加了医疗费用。实行医养结合，既可满足老年人院后护理、日常照护需求，又可减轻医院诊疗压力，降低住院率，节省医疗资源，减轻家属负担，增强老年病人安全感。

（3）党、政府的高度重视与政策支持，特别是对民生痛点问题的关注与解决。

医养结合的重点在哪里

　　医养结合应以"养"为主,"医"为辅,主要解决的是医疗资源配置不均、可及性差、养老与医疗之间衔接不畅等问题。任何试图以"医"来解决"养"的问题,都会大大推升医疗与养老服务成本,都是不可持续的。医养结合是一种混合型解决方案,主要是就中国目前国情下的过渡性解决方案。如果处理不好,既会增加医疗开支,也会增加养老支出。因此,未来医养结合的目标是医养相邻、专业化发展与整合照顾。

医养结合有哪几种实现途径

　　(1)养老机构内开设医疗机构,是最主要的形式。

养老机构在护理床位、服务人员数量、养老服务的软性服务等方面具有一定的优势。资金雄厚、入住人数较多、服务项目较多的养老机构更容易吸引老年人入住，因此更加具备开设医疗机构的能力，而规模较小的机构受资金和规模的限制。

（2）在医疗机构内开设养老机构，但优劣互现。优点在于能从专业的角度出发为老年人开展服务，满足老年人最直接的需求，缺点在于一是医疗机构间的差异较大，服务效果参差不齐，二是有可能出现套用医保资金的风险。

（3）养老机构与医疗机构合作。其优点一是减少双方的合作成本，二是方式较为灵活。缺点在于这属于自愿性合作，因此养老、医疗机构之间强强联合的可能性大，而发展水平一般的养老和医疗机构合作概率小。

（4）医疗服务延伸至社区、家庭，为社区居家老年人提供上门医疗服务。实行家庭医生制度，实行健康管理。

新冠疫情期间老年人如何就医

在新冠肺炎疫情期间，老人必须去医院看病时，请注意以下事项：

（1）就医前了解就诊医院情况和就诊流程，最好预约挂号，尽可能减少在医院逗留时间。

（2）尽量选择离家近、能满足需求且病人比较少的医院。

（3）携带好自己的门诊病历、近期的化验单、医保卡和就诊卡。

（4）把需要开的药物写在纸上或带上所需药物的包装盒，方便医生快速开药。

（5）携带好面巾纸、免洗消毒液或消毒湿纸巾备用。

（6）做好自我防护：穿着合适的衣服，注意保暖，正确并全程佩戴一次性医用口罩。

（7）请尽量避免乘坐公共交通工具或选择错峰出行。

（8）到达医院后，请配合安保／医务人员进行体温检测和流行病学调查。如果有发热情况，请直接到发热门诊就诊，排除新型冠状病毒肺炎后方可去普通门诊就诊。进入医院候诊区域后，尽量避开人多的地方，分散候诊，尽量减少和周围的人交谈。

（9）在交费、化验检查和取药时尽量避开人多的地方，排队时保持1米左右的距离，尽量采用非现金方式（如微信）付费，减少交叉感染的机会。

什么是长期护理

长期护理是指在一个较长的时期内，持续地为患有慢性疾病（如早老性痴呆等认知障碍）或处于伤残状态下（即功能性损伤）的人提供的护理。这种护理包括：医疗服务、社会服务、居家服务、运送服务或其他支持性的服务。长期护理通常是指对老年人的长期护理。长期护理一般来说包括三种护理类型：专业护理、日常家庭护理和中级家庭护理。

（1）专业护理是指提供医疗服务，由专业医生负责，主要指具有医疗性质的护理服务。

（2）日常家庭护理一般由非专业医疗机构提供，以个人护理为主，如协助洗澡、穿衣、吃饭和帮助其他日常生活问题。

（3）中级家庭护理介于专业护理和日常家庭护理两者之间，为不完全需要专业医生全日制看护，但又需要提供日常医疗保健和个人护理的护理，中级护理已经成为越来越多的患有慢性疾病但又无需住院治疗的老人及家庭的需求。

什么是长期护理保险

长期护理保险是指对个体由于年老、疾病或伤残导致生活不能自理，需要在家中或疗养院治病医疗由专人陪护所产生的费用进行支付的保险，它是为需要长期护理的被保险人提供护理服务和经济补偿的一种健康保险，标的物为个体的身体健康状况。通常护理期限较长，可能为半年、一年、几年甚至十几年，护理的意义在于尽可能长地维持个体的身体机能而不是以治愈为主要目的。长期护理保险提供在不同护理环境下的长期护理服务，其中护理环境包括家庭护理、疗养院护理、辅助生活中心护理等，选择的护理环境不同，长期护理保险的保费有所差异。长期护理保险有不同类型，按照保险责任划分可将长期护理保险分为单一责任保险和综合责任保险；按照投保人划分可分为个人长期护理保险和团体长期护理保险。与医疗险的区别在于，医疗险主要保障医疗治疗所需要的费用，而长期护理险主要用于保障一般生活照料所支付的费用，一般不包含医疗介入。

长期护理保险的种类和特征

　　长期护理保险分为两种：社会护理保险与商业护理保险。前者属于多方筹资，费用高昂；后者属于公民个人筹资，费用同样高企。美国的长期护理保险属于商业保险范畴，虽然经过数十年的发展，其覆盖面仍非常有限。其中的原因有二：一是商业保险是自愿性的，不能强制；二是长期护理保险费用高昂，公民参与的意愿和实力不足。真正实施社会护理保险的国家只有德国（1995）、日本（2000）与韩国（2008）。其特点有二：一是社会保险是强制性的；二是覆盖率很高。

中国长期护理保险目前发展到什么阶段

  长期护理保险产生于 20 世纪 70 年代的美国，是当时社会老龄化发展下的时代产物。德国社会护理保险起始于 1995 年，20 多年来跟进者寥寥，只有日本与韩国。日本已将护理保险作为公共服务产品引入国家社会保障体系，要求 40 岁以上的人都要参加。在中国，长期护理险 2016 年开始试点，以长期处于失能状态的参保人群为保障对象，重点解决重度失能人员基本生活照料和医疗护理所需费用。2020 年 9 月，经国务院同意，国家医保局会同财政部印发《关于扩大长期护理保险制度试点的指导意见》，长期护理保险试点城市增至 49 个。上海市人民政府于 2017 年 12 月 30 日印发了《上海市长期护理保险试点办法》，从 2018 年 1 月 1 日起在全市范围内开展长期护理保险试点工作。

哪些人应当享受长期护理保险待遇

　　《关于开展长期护理保险制度试点的指导意见》明确规定的保障范围：长期护理保险制度以长期处于失能状态的参保人群为保障对象，重点解决重度失能人员基本生活照料和与基本生活密切相关的医疗护理等所需费用。很多试点城市扩大了范围，从重度失能人员变成失能人员和失智人员，甚至轻度、中度失能人员也可享受。长期护理保险制度应严格保障重度失能人员，杜绝扩大范围支付给中度失能人员和失智人员；长期护理保险只支付给护理服务机构，禁止支付给居家服务项目。只有这样，这个制度才可以得到很好的发展。一个制度的受益面过大，会加剧实施难度。

当老人失能或半失能时，谁能保障其护理保险权益不受侵犯

当老人自身出现失能、半失能时，其护理保险权益的保障是较为困难的。政府与保险公司如果去维护老年人权益，必然意味着增加自身更多的负担与成本。因此，政府与保险公司去维护老年人社会护理保险权益的动力是相对不足的。维护老年人社会护理保险权益的责任自然落在子女等家属身上。养老院中出现"吃绝户"现象绝非偶然。因此。家人才是失能老人最可靠的经济来源，虽然可能不去赡养老人，但更多的时候会成为维护老年人权益的关键力量。

什么是安宁疗护

　　安宁疗护，是指为疾病终末期或老年患者在临终前提供身体、心理、精神等方面的照料和人文关怀等服务，控制痛苦和不适症状，提高生命质量，帮助患者舒适、安详、有尊严地离世。安宁疗护、临终关怀、安宁和缓医疗、姑息疗法等的内涵具有相似之处，国家卫生计生委（现国家卫健委）将临终关怀、舒缓医疗、姑息治疗等统称为安宁疗护。安宁疗护（姑息治疗）的理念是通过由医生、护士、志愿者、社工、理疗师及心理师等人员组成的团队服务，为患者及其家庭提供帮助，在减少患者身体上疼痛的同时，更关注患者的内心感受，给予患者"灵性照护"。让患者有尊严地走完人生最后一段旅程。死者了无牵挂，生者还得坚强地继续自己的人生。老年人安宁疗护是安宁疗护的重要组成部分，并且由于老年人群的特殊性，安宁疗护主要面向的群体是老年人。因此，老年人安宁疗护是指医生、护士、家属、心理咨询师、社会工作者等相关个人、团体、机构或组织专门为 60 岁以上濒临死亡的老年人及其亲属提供完整配套的、涉及医疗、护理、心理咨询、死亡教育、居丧服务等生理和心理各方面的综合性服务。

安宁疗护包括哪些内容

中国已进入老龄化时代，身处这个时代，我们不得不面对一系列的问题和影响：随着老年人年龄的增大，身体各项机能逐渐衰退，抵抗各项疾病的能力越来越差，是癌症、心脑血管等严重疾病的头号攻击对象，这就造成了很多老年人在身体上和心理上承受着巨大的压力。同时，老年终末期患者的治疗费用不断上升，使得很多家庭陷入"临终贫困"的局面，影响治疗效果，但是很多治疗都是无效的，容易造成医疗资源的浪费。每一位老年人都期待着就算到生命的尽头，也能够享受最后的人生，希望自己能够安然地离开这个美好的世界。而老年人安宁疗护正是立足于给予老年临终患者更多的人文关怀，提高生存质量，让每一位老年临终患者实现生命尊严，同时节约社会资源，实现建设健康老龄化社会的目标。因此，老年人安宁疗护在这个时代有其存在的特殊价值，它不仅是一项慈善事业，也必将担负着影响整个世界生死观的重任。主要包括以下服务内容：

（1）减轻病痛。在安宁疗护中，以缓解患者身体痛苦症状为首要任务，包括疼痛、呕吐、呼吸困难等。

（2）舒适照护。重点关注患者生存质量，保持舒适的状态。

（3）满足饮食需求。饮食护理也是临终关怀的一个重点。

（4）提供人文关怀。除患者日常照护外，整合患者护理的心理和精神方面，提供身、心、社、灵的全方位陪伴，同时帮助患者正视死亡。

（5）安抚家属。在安宁疗护病房，有时最难的不是给患者做治疗，而是对家属的心理开导。

每位老年人都需要安宁疗护吗

老年安宁疗护主要针对的是所患疾病在医学的局限及当今医疗技术的限制下，已经没有了任何的治疗意义，采取任何方式都不可能治愈或好转的老人及其家属。目前，我国并未对安宁疗护机构收治的老年患者病重情况作出统一的规范准入标准，即患者预期生命时限还有多长才能接受安宁疗护服务，大部分机构根据自身的医疗水平情况及其他国家的标准收治患者，大多采用如下标准：患者所患疾病没有治愈的可能，且病情不断恶化，预计生存期限为 3 ～ 6 个月。老年安宁疗护的服务对象必须是确定在生命的最后时刻放弃创伤性抢救措施，这就说明在接受安宁疗护服务前必须做出相应选择，何种选择首先应以患者的意愿为主，老年人的决定权是第一位的，应尊重患者的自主权、知情权和对自己医疗措施的监督权及选择死亡的权利。只有在患者无法做出意思表示时，如永久性昏迷、植物状态、脑死亡等情况下，家属才有权做出决定。在我国具体操作过程中，使用安宁疗护的老年人应符合以下几个条件：

（1）有临床证据证明在当时的医疗条件下所患疾病无法治愈或者病情出现了不可逆转的恶化，并且预估患者的生存期限为 3~6 个月。

（2）本人及其家属认同安宁疗护相关理念，并同意配合护理方案。

老人使用安宁疗护是否意味着子女不孝顺

"孝" 常以 "敬亲、奉养、侍疾、立身、谏诤、善终" 等词语来诠释。然而，在老龄化社会迅猛前进、老年人口剧增以及老年人慢病生存的背景下，越来越多的儿女们在恪守 "孝道文化" 的框架中试图通过各种医疗手段和医疗技术延长老人寿命，却不想是剥夺了老人安享晚年的权利。出于孝顺的儿女们坚定地选择无论如何都要延长父母的生命，此时父母们往往失去了选择是否继续治疗的机会，丧失了"优死"的权利。临终的父母们没有决定的权利，但儿女们的"孝顺"体现在延长生命，心灵的安慰与关怀却鲜为人见。在中国传统的伦理道德中，"百善孝为先"，孝道观念有着极为重要的地位。传统孝道观成为人们行为实践的标准，如为老年人提供丰富的物质条件，为临终老人竭尽全力送终，隆重举办丧葬仪式，被认为是孝顺的，会获得社会的认同。加之患者与家属之间的骨肉亲情，以至于家属在面对临终患者即将死亡时，往往要求医务人员对患者积极抢救和治疗。人们普遍把尽力救治看作是"尽孝"，因此，对临终患者进行的过度治疗，尤其是心肺复苏术的使用经常发生。这与安宁疗护中让患者有尊严、无痛苦地离世和放弃临终抢救相冲突。其实，子女们应改变传统孝道中明知治疗无望也要竭尽全力延长患者的生命来表达自己孝心的观念。医务人员应帮助家属意识到孝敬父母不仅是要给予父母物质上的满足，还要给予精神上的关心，尊重父母的想法，帮助父母完成未了的心愿，享受家人、朋友的陪伴，减少其生命末期的痛苦，提高生命质量，这才是孝本身的意义及所体现出的道德价值，从而使家属走出伦理困境。

安宁疗护就等于放弃治疗吗

安宁疗护是给予患者积极而整体的照护，并非放弃对患者的积极治疗，而是以治疗为主转向对症处理和护理照顾为主，尊重生命和自然规律，维护患者尊严和自主权，保障身心舒适安宁，维持患者生存质量、协助患者安详离世，重视临终患者家属的心理支持，减轻或消除患者及其家属的心理负担和消极情绪。由此可见，安宁疗护并不是放弃治疗，而是放弃一些不必要的治疗，更多采取的是镇痛、陪伴、心理辅导等，让病患和家属都感觉更为舒适。比如临终阶段不做创伤性检查、给予控制疼痛的治疗、不进行危重患者的监测等。安宁疗护本质上是积极对待疾病，是主动选择减轻痛苦的治疗方案，帮助患者以更舒适的状态和更积极的心态过好当下每一天。

安宁疗护等同于安乐死吗

"安乐死"一词源于希腊文，意思是"幸福地死"，指对无法救治的患者停止治疗或使用药物，让患者无痛苦地死亡。它主要包括两方面的含义：一是安乐地无痛苦死亡；二是无痛致死术。很多人将安宁疗护等同为安乐死，将其理解为无作为地结束自己的生命。但是两者在目标群体、实施手段、伦理道德等层面存在着较大差异。

（1）目标群体层面，选择安乐死的对象一般是身心极度痛苦的人群，是极少数人。但是只要是生命无法挽回的临终患者都可以选择安宁疗护，安宁疗护包括的群体多。

（2）实施手段层面，安乐死的操作手段一般简捷迅速，追求在极短的时间内结束患者的生命，使患者无痛苦地死去。安宁疗护不采取任何的措施加速或者延缓死亡的来临，它是以缓和医疗为主，减轻患者的疼痛，既不刻意加快也不刻意延缓患者死亡，提高临终患者的生命质量，实现生命尊严。

（3）伦理道德层面，由于目前安乐死在医学伦理、家庭道德等方面存在着巨大的争议，目前全球只有瑞士、荷兰等少数国家对安乐死的存在给予合法的地位。

养老知识详解

"60岁开始读"科普教育丛书

五

精神关爱

老年人有哪些常见的心理健康问题

很多老年人因为身边人及环境的变化会产生一些心理变化，而相较于生理健康，老年人的心理健康是我们容易忽视的部分。老人常见的几大心理问题如下：

（1）恐惧心理。恐惧心理是在自认为可怕情景影响下产生的一种十分紧张的情绪反应。特别是当这种情景可使人具有重大意义的需要遭到剥夺时，如威胁到身边人的生命安全、病症和经济的利益时，恐惧的情绪就会支配人的整个身心。在老人群体中尤其表现为对衰老和死亡的恐惧。

（2）孤独心理。造成老年人孤独的普遍的原因有：退休在家，离开了工作岗位和长期相处的同事，终日无所事事，孤寂凄凉之情油然而生；儿女分开居住，寡朋少友，缺少社交活动；丧偶或离异，老来孑然一身。老年人最怕孤独，因为孤独使人处于孤独无援的境地，很容易产生一种"被遗弃感"，继而使老人对自身存在的价值表示怀疑、抑郁、绝望。

（3）心里空虚。这种问题多见于退休不久或对退休缺乏足够思想准备的老人。他们从长期紧张、有序的工作与生活状态突然转入到松散、无规律的生活状态，一时很难适应，伴随"空虚感"而导致的问题往往是情绪的低沉或烦躁不安，这种恶劣的心境如果旷日持久，甚易加速衰老，对老年人的身心健康威胁很大。

（4）情绪变化。老年期是人生旅途的后阶段，也是人生的"丧失期"。一般而言，老年人的情感趋于低沉，这与他们的历史经历和现实境遇是分不开的。另外，由于大脑和机体的衰老，老人往往产生不同程度的性情改变。如：说话啰嗦、情绪易波动、主观固执等，少数老人则变得很难接受和适应新生事物，甚至对现实抱有对立情绪。

（5）失眠或浅睡眠问题。老年人大多数睡眠减少、睡眠浅、易惊醒，有的老人同时有入睡困难和早醒，这也是脑功能自然现象。医学研究发现，老人在睡眠过程中醒来的次数较多，女性入睡比男性慢。由于老年人睡眠的质和量都发生了明显变化，因此许多老人常感到睡醒后不解乏，白天精神不济，甚至有昏昏欲睡之感。

（6）不少老年人都时常为自己的记忆力不好而深感苦恼，记忆力减退是大脑细胞衰老、退变的常见现象，过于严重则可能是老年痴呆的一种表现。

生活中哪些因素会影响
老年人的心理健康

影响老年人心理健康的因素是多种多样的，老年人及其子女应当多警惕：

（1）社会地位的变化。由于离退休后，人走茶凉，社会地位改变可带来失落感，加上家庭纠纷、经济拮据、老年丧偶、夫妻离异等因素刺激，可使一些老人产生种种心理变化，出现孤独感、自卑感、丧失感、抑郁、烦躁、绝望等不良情绪。

（2）家庭与人际关系冲突。退休后老年人的主要活动场所由工作岗位转为家庭。家庭成员之间关系对老年人会产生很大影响，如子女对老人的态度，"代沟"所引发的矛盾等，特别是帮子女带孙辈的老年人更易出现心理问题。"隔代宠"，隔代带孩子，老人会特别宠爱，也会特别小心，心理压力很大。一些如孙子磕磕碰碰、不好好吃饭等小问题，在孩子父母眼里都是小事，但爷爷奶奶会把它看成特别大的事，看到孙子没吃好饭，都会感到自责难受。且老人对环境的适应能力随增龄而变弱变差，因离开故乡带孙子，身边缺乏老朋友，加上平时子女上班，会让他们的心里倍感孤独，尤其是当与老伴两地分居时，这种孤独感更为强烈。

（3）文化程度。文化程度、思想意识、修养、道德伦理观念、理想与信仰等，都会影响老年人心理健康水平。文化程度高、对未来充满信心、事业心强等，有利于改善心理健康状态，推迟心理老化。

（4）营养状况。为维持人体组织与细胞的正常生理活动，老年人同样需要充足的营养补充，如蛋白质、糖、脂肪、水、盐类、微量元素、维生素等都是老年人必需的营养物质。神经组织及脑细胞对营养物质的需求更高。当老年人营养不足时，常会出现精神不振、乏力、记忆力减退、对外界事物不感兴趣，甚至发生抑郁及其他精神障碍。

（5）生理功能减退和各种疾病。随着年龄的增加，老年人各种生理功能都有所减退，表现出一定的老化现象，皮肤弹性减退，出现老年斑，毛发变白并减少，视力及听力也逐渐减退，运动能力降低；脑细胞会逐渐发生萎缩并减少，导致精神活动减弱，反应迟钝，记忆力减退，精神不振、注意力不集中，甚至产生错觉、幻觉等异常心理。某些疾病会影响老年人的心理状态，如脑动脉硬化会使脑组织供血不足，造成脑功能减退，晚期甚至会发生老年性痴呆等。再如脑梗死等慢性疾病，常可使老年人长期卧床不起，生活不能自理，以致产生悲观、孤独等心理状态。

遇到精神健康问题时
老人该如何自我调整

"心理养生"将成为 21 世纪老年精神健康的主题。退休后保持良好的精神状态，有助于实现防病健身、延年益寿的目标，那么怎样才能做到"老有所为、老有所学、老有所乐"，可从下面几点做起：

（1）活到老，学到老，勤于学习，科学用脑。退休后步入第二人生，老年人最主要的心理准备就是重新学习，丰富精神生活，延缓大脑衰老。进入老年需要更新观念，老年完全可以有所作为，关键是要紧跟时代步伐，更新知识，需学习的东西很多，如老年自我保健、老年社会学、老年心理学、家政学等知识。另外，"网上的世界真精彩"，老年人还应该更新自己的电脑网络知识和专业知识，学习使用微信等新的交往方式。

（2）多参加社会活动，重新适应社会。老年人具有丰富的专业知识、技能和经验，退休后可多参加社会活动，助人为乐，发挥"余热"。俗话说，一个好汉三个帮，人在失意或受到挫折时，最需要朋友的关照和帮助，当老年人感到郁闷不适时，可走出家门，找自己的知心朋友谈谈心，一吐心中的不快。

（3）多运动，多听音乐，多阅读。运动、音乐均有益于老年心理健康。老年人在音乐里不仅可享受到一种美的艺术，而且可陶冶情操，使自己从中获得生活的力量和勇气；多阅读幽默笑话故事，有利于驱走烦恼，消除心理疲劳，因为笑是心理健康的润滑剂，一笑解千愁。

（4）保持乐观宽容的心态。乐观、宽容是心理养生的调节剂。日常生活中，吃亏、被误解、受委屈等不如意的事，总是不可避免地发生，接纳和宽容是最明智的选择。宽容别人实际上是保护自己的首选方法，当我们苛求别人、斤斤计较时，心身均处于一种紧张应激状态，导致心跳加快、血管收缩、血压升高，使心理、生理进入一种恶性循环，久之甚至会诱发或加重心脑血管疾病。

（5）培养各种业余爱好，如棋琴书画或养花养鸟等。老年人闲时可在阳台上种花养草，以花为伴，观其千姿百态，心旷神怡，乐在其中，这些活动均可缓解抑郁、焦虑等不良情绪。

如何向长期患病卧床的
老年人提供心理呵护

　　一些失能或失智的老年人由于身体功能的下降，而受到直接的心理打击。作为家人，我们应多创造一些他们可参与的平台和机会。老年人往往有很多的知识、经验、记忆。我们可以和他们一起怀念过往，通过老照片、老物件、老电影勾起他们美好的回忆。请他们分享旧时的所见所闻，帮助他们再次体验曾经的辉煌。对于用回忆过去再对比现在，会加重失落感的问题，其实回忆是属于老年人自己的，帮助他们暂时忘记现在所处的环境，从大局上去看自己的一生，他们会回想起曾经为国家和家庭做出过巨大的贡献，而获得心理的满足感。同时，我们可以帮助老年人意识到没有他们的辛勤付出，就不会有现在的和睦美满生活，从而让他们认可自己存在的价值，并认识到自己被家人爱着。

如何改变老年人把健康需求
诉诸保健品滥用的心理

　　由于认知偏于保守以及过去经验固化，老年群体相对比较固执，当他们决定做一些事情的时候，我们很难改变他们的决定。因此我们需要深刻了解老年人这么做背后的动机。很多老年人觉得如果自己生病会成为家里的负担，连累到孩子，这种善意的想法不该被子女误解成老年人是"犯糊涂""自私""怕死"等。不要尝试直白地说服老年人，或者用过激的手段去控制老年人的财产或行为，要学会"曲线救国"，从了解他们背后的原因开始。比如关注他们在慢病上的治疗，提供给他们一些权威的咨询，和他们一起参与到疾病的治疗当中。如果老年人只是单纯地迷信，当权威和道理都无法说服老年人的时候，我们试着顺着他们的意思，和他们一起去了解保健品的功能，再引入一些证据，帮助他们意识到保健品可能并没有那么神奇的效果，潜移默化地改变老年人的判断。

如何缓解疫情下老年人的
社交隔离和孤独感

在当前疫情防控环境下，很多场所都无法正常开放，一些线下的活动被迫转为线上或者取消，老年人丧失了以往社交的渠道（老年大学、广场舞、社区里遛弯）。家人可以通过电话或者视频的方式增加和老年人的交流，简单的嘘寒问暖就可以减轻老年人的孤独感。然而，长期的简单问候会让家人和老年人产生厌倦感，所以应该多与老年人分享有趣的新鲜事物，比如分享工作生活中的所见所闻。通过这种方式，增加共同话题以提升交流的质量。了解新的事物有助于强化老年人的学习兴趣，充实他们的时间。或者可以帮助老年人寻找一些网上的社区服务，如公益讲座等，帮他们报名参加，以增加他们的生活多样性。

什么是文化养老

　　文化养老是一种能体现传统文化与当代人文关怀的养老方式。它是以老年人的物质生活需求基本得到保障为前提，以满足精神需求为基础，以沟通情感、交流思想、拥有健康身心为基本内容，以张扬个性、崇尚独立、享受快乐、愉悦精神为目的的养老方式，具有广泛性、群体性、互动性、共享性等特点。文化养老是在传统养老方式无法有效解决养老新需求的情况下，在文化层面的一种新突破，是一种传统与现代文化相结合的新养老方式。结合中国的养老实践，文化养老之所以重要，主要基于如下两大原因：一是从人类文明的角度而言，文化养老是老年人实现生活意义的重要手段。文化养老可以丰富老年人的精神世界，让老年人的情感得到滋养，精神素养得到提高。二是老年人时间比较充裕，有很多自由支配的时间。当基本物质需求得到满足之后，精神生活是衡量老年人生活质量好坏的重要指标。

文化养老有哪些层次

文化养老也有广义与狭义之分：第一层次是基于个人爱好与事业开展的学习；第二层次是参加文化培训，陶冶个人情操；第三层次是休闲文娱体育活动。从宏观制度层面来讲，"文化养老应该是反映特定的价值取向、以满足老年人的精神需要为主、借助文化活动实施的养老服务及其制度体系"。从微观内容层面，文化养老是相对于物质养老而言，在满足老年人基本物质赡养的基础上丰富老年人的精神生活，提供精神慰藉，满足老年人的精神需求，是一种高品质的养老方式，也是一个有关知识、信仰、道德、习俗和习惯的复杂整体。从内容上来看，文化养老不仅仅是物质养老的"一体两面"，它也涉及整个养老体系的顶层制度设计，它倡导整个社会建立适老、敬老、尊老的精神养老体系。从形式上来看，文化养老更加强调老年人的主动性，呼吁老年人积极参与、学有所得，是一种有尊严、有品位、精神富足的养老模式，而传统养老则是老年人因身体机能下降导致的被动支持，侧重于子代的赡与孝。从提供者来看，传统的养老主要是由家庭提供，国家、市场、社会组织与社区是补充力量。文化养老主要是由市场发挥主体作用，为老年群体提供丰富的文化产品与文化服务，而政府为老年群体建构文化制度体系。从实践上来看，文化养老并非物质养老满足之后的产物。虽然说文化养老是一种更高层次的精神需求，但对于老年群体来说，文化需求与物质需求同等重要，没有严格的先后之分，在物质不富裕的情况下，家庭给予老年群体精神陪伴，社会给予老年群体多点关爱，反而能够弥补其物质需求的缺陷。

老年人自己如何实现文化养老

　　个人是文化养老的最重要的实践主体，精神层面的需求是很难长期依赖他人与社会得以满足的，文化养老主要还是靠自己努力来获取。要充分发挥老年人的主观能动性，变"等靠要"等被动接受为主动接受和自我获取，实现从"老年生活他做主"到"老年生活我做主"的转变。在强调独立的背后，老年人能够通过自主学习为自己的老年生活更加独立自主、更好地享受老年生活提供潜在基础，进而不断适应快速变迁的社会。学习不是年轻人的特权与专利，任何年龄阶段的人都有学习的动力与能力。因此，文化养老基本能力的培养必须要教老年人识字，因而扫盲班的开设等尤为重要。在当今网络社会时代，智能手机成为最重要的信息获取终端，教会老年人学会使用智能手机，无异于给老年人打开一扇通往外部世界的窗户。

家人如何鼓励老年人参与文化养老

家庭不仅是一个经济共同体、责任共同体，还是情感共同体，承担了重要的情感交流功能。家庭是老年群体人际关系网络的重要来源。现代社会是一个流动型社会与知识爆炸型社会，新知识、新技术层出不穷。年轻群体具有较强的好奇心，学习与领悟能力也较强，在接受新知识方面有着天然的优势。年轻一辈作为老年人的家庭成员，应该鼓励、支持老年人的文化获取与文化服务，比如子女提供各种培训班的基本信息，协助老年人参加文化养老活动；支持老年人通过阅读等来提升自身的文化素养；教会老年人基本的网络使用技巧与数字化生存本领，比如网上缴费、浏览新闻、购物等，帮助老年人跟上网络时代的步伐，享受网络带来的便利。同时，年轻人对老年人的态度应该温和而富有耐心，不能对老年人进行严厉的指责与嘲讽，打击其学习的自信心和自尊心。

为什么要上老年大学

终身学习有利于精神和身体健康，促进家庭关系，终身学习者对生活有更多的积极态度、健康行为，并且拥有更广的社交网络。上老年大学可以帮助老年人在一定程度上克服与世界的"脱节感"，尤其是非正式的、娱乐性的学习（比如绘画、歌唱等）的积极影响更加多方面，它可以让老年人觉得自己的生活更幸福和有意义（心理幸福感和生活意义感），觉得自己能够做好更多的事情（自我效能感），保持大脑的功能（认知功能），结识更多的朋友（社会支持）。老年教育和终身学习给老年人带来几大好处：

（1）学习成为了一种应对身体问题的自我治疗。老年大学的课程参与和持续学习增加了老年人生活的连贯性，坚持上每周一次的课，使得这些课程发挥了类似每周一次的心理治疗的作用。

（2）学习创造社交和归属感。上课使得老人有机会遇到新朋友，保持与外界的信息交换，有时还与朋友们一起出去玩。

（3）学习时光不被虚度。参加课程进行学习可以帮助老年人打发大把的空闲时间，避免大量空闲时间带来的无聊和恐慌。不上课的时候，也可以在家中练习课程上学的东西，比如说在家里画画等。

（4）帮助老人收获的不止知识和技能。老人们在老年大学的学习中，不止获得了知识、技能和积极的态度，学习成为他们自信心的来源，一种"我会的别人不会"的骄傲感。学习的技能为退休族的社交活动增添光彩。

旅游养老是一种怎样的养老方式

旅游养老已经成为一种新型养老方式，不仅为老年人提供了一种高品质的休闲养老方式，也为经济发展创造了新的需求。一方面，现代老年人不再简单地满足于最基本的物质生活需求，追求更高层次的旅游休闲活动已经成为一种新的消费意愿，特别是对于生活能够自理、经济实力较好的老年人，旅游与异地养老意愿更加凸显；另一方面，中小型城市发展得更加宜居，也间接推动了老年人群远赴生态环境好、资源条件优越的地区异地旅游养老。但旅游养老面临各种各样的限制和劣势：

（1）收入限制。旅游养老必须要具有一定的经济支付能力。总体来看，老年人收入较少与支付能力较差，仍会制约旅游养老的发展。也就是说，即使人们有旅游养老的愿望，也没有相应的经济支撑能力。

（2）老年特点。人类生活离不开自然环境，更离不开社会环境。同样，旅游养老也需要考虑老年人的地理与文化的双重适应性。旅游养老的最大劣势是熟悉的社会环境、邻里关系将被打破。旅游养老将可能出现一种被社会隔离之感，此时，如果老年人的脆弱性和孤独感得不到有效的处置，老年人无法在新的环境中快乐地生活。

（3）民族特性。中国人历来有"落叶归根""离土不离乡"的传统思维定式，因而才有"在家千日好，在外一时难""金窝银窝不如自家的狗窝"的民族性格。此外，固守"本土"、勤俭节约也是中国人的传统，这种民族特性也对旅游异地养老需求起到一定的抑制作用。

什么是数字鸿沟

　　数字鸿沟是指在全球数字化进程中，不同国家、地区、行业、企业、社区之间，由于对信息、网络技术的拥有程度、应用程度以及创新能力的差别而造成的信息落差及贫富进一步两极分化的趋势。2020 年11 月 24 日，《国务院办公厅印发关于切实解决老年人运用智能技术困难实施方案的通知》，要求各部门聚焦涉及老年人的高频事项和服务场景，坚持传统服务方式与智能化服务创新并行，切实解决老年人在运用智能技术方面遇到的突出困难。

数字鸿沟有哪几种类型

数字鸿沟将新技术的推广过程划分为三个不同的阶段，分别是接入沟、使用沟和知识沟，在这三个阶段中，老年群体所面临的困难也有所区别。

（1）物理层面上的设备接入差异被称为第一道数字鸿沟，即"接入沟"。例如，老人智能手机的拥有状况、老人家庭宽带网络的连通情况等。

（2）用户对于数字技能的掌握情况被称为第二道数字鸿沟，即"使用沟"。例如，老人接入智能手机后是否能娴熟地使用各项互联网功能、享受各种网络服务。

（3）数字技术接入和使用后带来的社会影响和社会后果被称为第三道数字鸿沟，即"知识沟"。即便互联网用户都拥有高质量的网络接入和熟练的互联网操作技能，他们在获取数字资源时也存在巨大的差异。例如，对于被边缘化的老年群体而言，数字媒体技术与知识的应用能够在一定程度上转化为新的社会资本，使他们在同辈群体中获得认可与肯定。

技术创新背景下的数字鸿沟可以消解吗

数字鸿沟不仅是一个社会结构性问题，也与个体主观态度、使用能力紧密相关，是一个多方面因素共同作用下的社会难题。对于数字鸿沟未来走向的判断取决于我们如何认识数字鸿沟的本质。数字鸿沟这一现象在未来很可能会持续存在。当技术在不断进步、社会在不断发展的时候，技术与社会的互动就会持续发生，原有的数字鸿沟不断被消解与新数字鸿沟不断被建构，进而形成一种常态化的社会现象。由于数字鸿沟背后所反映的问题不仅是社会结构层面或者个体层面的困境，它暴露出一个更加普遍的问题，即技术的发展如何落地，如何与社会生活相适应，这是科学技术发展的第一尺度。事实上，社会进步的核心驱动力是技术，只要技术在不断地进步，技术落地的问题就一直存在，那些较快使用新技术的个体与较慢掌握新技术的个体之间的鸿沟就会一直存在。因此，需要认识到只要技术进步不停止，数字鸿沟问题就一直存在。它可以得到缓解，但永远无法根本消除。数字鸿沟这一现象在过去的几十年间经历了不断地拓展、外延与更新，对数字鸿沟这一问题的认识也应随着社会变迁的节奏而不断深入与持续更新。因此，老年人只有保持不断学习的心态与习惯，才能持续减少数字鸿沟对老年群体所带来的负面影响。

新冠疫情背景下的老年数字鸿沟有哪些表现形式

在新冠肺炎疫情暴发期间，我国暴露出了由家庭和社会不同层面上所构成的数字鸿沟现象。以老年人为代表的部分社会群体由于不会使用智能设备、数字应用等身陷数字困境，寸步难行。数字鸿沟问题不仅体现在微观层面上个体面临的技术差距与生活体验，也与宏观层面技术驱动的社会变革密切关联。具有

"通行证"意义的"行程码""健康码",难倒了一大批老年人。"健康码"带来的问题,不仅典型地反映了数字时代老年群体的窘困,也体现了疫情期间数字鸿沟在代际传播中的新特点。"健康码"以及此前存在的手机支付、网约车服务等智能困境,它们对老人与技术穷人的压迫,还只是数字鸿沟效应的一小部分。在更深远的意义上,智能时代,包括大数据、云计算、智慧城市系统所代表的人工智能革命,将重新定义一种新的人类生活。这种以算法、机器学习等为代表的智能技术,进一步加剧了数字鸿沟的复杂性。在未来的疫情防控工作中,智能技术将被应用到更多场景,数字化防疫成为不可逆转的趋势。然而智能化防疫工作的全面推行不能忽略弱势群体的实际需求,例如老年人在学习、出行、就医、办事等方面遇到的不同程度的困难。

社会是否应该放慢脚步
等待那些行动缓慢者

　　社会的进步必然会以少部分群体的利益牺牲为代价。尽管这部分群体不能较好地参与到数字生活、享受数字红利，但社会进步的脚步无法停止。不可能因为少部分群体的反对和不适应，就停止技术创新与技术进步。对于那些没有条件学习新技术的个体而言，外界应尽可能为那些想学的人创造条件。事实上，在今天这样一个信息通信技术快速普及的社会环境中，外界条件的获得并不是一件十分困难的事情。个体应充分挖掘与利用身边的社会支持系统，例如可以参加社区举办的智能手机培训班等；也可以向周围的年轻人学习，特别是向自己的子辈与孙辈学习，通过"文化反哺"的方式来学习使用智能设备。对于那些有条件学习新技术、但自认为学不会的个体来说，主动学习与被动学习是可以同时进行的。一些来自社会底层、受教育程度较低、年龄较大的个体确实在学习新技术上具有某些劣势，但只要主观上不排斥，并且尝试着学习和使用新技术，还是能够掌握一些新技术的基础操作技能的。

新冠疫情背景下的数字鸿沟状况如何

尽管数字鸿沟问题来源于技术与社会的互动，但新冠疫情这一外在作用力对于数字鸿沟产生的影响不容小觑。一方面，疫情的出现使得数字鸿沟这一社会现象更加显性化，加速了数字鸿沟问题的爆发。例如，有部分社会群体面临着被技术排斥的风险，许多年长者由于不会使用健康码、移动支付软件、网络购物平台、网络通信工具等数字技术而变得寸步难行。另一方面，疫情防控措施（如居家隔离、信息流调等）迫使相关的数字技术不断进步与学习，使用数字技术应用的人不断增多，这也在一定程度上削减了数字鸿沟。

这是新冠疫情对于数字社会发展与数字鸿沟削减所带来的积极影响。新冠疫情防控催生了一系列新技术的开发与应用，不仅推动了技术的进步，也建构了新的数字鸿沟问题。

智能手机如何丰富老年精神生活

以往中国老年人的最大问题是孤独与寂寞，政府、社会、家庭与个人尝试了很多方法，不是因为做不到，就是因为不想做，结果都未能解决好老年人精神生活满足问题。网络短视频已经成为部分老年人的精神家园，市场很好地解决了老年人的精神需求满足问题。数字化时代之下，儿女需要践行的新孝道之一便是给父母买一部智能手机，并教会父母学会使用它。只要学会了使用智能手机，相当于为老年人插上了飞翔的翅膀，从此可以不依赖于他人而独立地生活，实现了真正意义上的自由发展与精神富足。